LeeSoo Bazi Art Mastery / Diciple* / Sexagenary Humanics

사주학 Basic

新日柱論

Sexagenary Humanics

육십갑자 인간학

최이린 지음

李修 스승님 近影

"오행(五行)의 생극제화(生剋制化)", 암합(暗合),

신살(神殺),자의(字意) 및 상의(象意), 납음물상(納音物象),

오운육기(五運六氣),포태(胞胎) 등의 모든 작용력을 고려하여

현상(現狀)에서 임상(臨床)을 거쳐 정리된 "육십갑자(六十甲子)

인간학(人間學)"으로 문파(李修門派)의 일부 비전(秘傳)급

내용들을 수록(收錄)하고 있습니다.

李修 스승님께 깊이 感謝드립니다

■ 일러두기

1. 이 책은 사주 명식(命式)의 일주(日柱)를 육십갑자(六十甲子) 별로 분류하여 개괄(槪括)하고, 해당 신살(神殺)을 주(註)로 부기하여 정돈된 학습 자료를 제시하고 있습니다.

2. 팔자술 실전 현장에 종사하는 전문가 층을 배려하여 일주 별로 필살기(必殺技)를 정리해두었습니다.

   ☞ 초학자들의 입문서에 비중을 두었지만, 강호의 프로 술사(術士)들을 위한 팔자술의 고급 분야인 상의(象意)와 자의(字意) 추론을 위시한 문파(門派)의 비급인 필살기(必殺技)를 정리해 두었습니다.

3. 각 일주 별로 길한 시간대(타이밍)와 불리한 시간대를 구분하고, 혼인, 이사 및 개업 등 특정한 날의 택일을 명기해 두었습니다.

4. 기타 일주 별 건강과 질병, 직업군 등에 대한 일반적 내용을 따로 구분하여 설명하였으므로 일반 독자들에게도 유용한 지침으로 활용될 수 있습니다.

■머리말

"Back to the basic"

동양의 운명학술은 그 범위가 광대하고 심오하여 자칫 개체적인 자아를 실체적인 것으로 믿고 집착하면 오랜 기간의 학습이 무용지물이 되기 쉽다. 보통 적지 않은 시간을 명리학(四柱學)의 연구와 학습에 몰두하게 되지만, 결국에는 자기중심적인 좁은 소견에 얽매여 혼돈 중에 고심하는 일이 많다. 다행히 양사(良師)를 만나 팔자학(八字學)의 높은 경지에 다가서게 되면 자연 삼라만상계의 이치를 헤아리게 되고, 그것을 굳게 믿으며 의심하지 않는 마음이 다져진다. 필자는 꽤 단기간 내에 사주학의 3대 고서로 회자되는 '자평진전(子平眞詮)'과 '적천수(滴天髓)', '난강망(蘭江網)'을 수업하였는데, 전통적인 격국론(格局論)과 근세의 부억용신(扶抑用神) 운용체계, 그리고 조후법(調喉法)의 각각 상이한 이론 체계들이 한 치 상반됨이 없게 관통되는 분명하고도 시원한 가르침을 수혜하였다. 위와 같은 학습 과정의 중급 단계를 거쳐 고급 명학술의 진수라 할 수 있는 물상법(物象法)과 허자론(虛字論)의 응용법을 터득하고, 하늘을 찌르는 자신감에 스스로를 대견하게 여기며 자만하기도 했다.

이후에 '팔자술필살기(八字術必殺技 : deathblow)'를 독습하며, 일찍이 선학들이 다가서지 못한 '형충회합(刑沖會合)'의 정교하고 치밀한 논리에 탄복하다가, 새로운 경지에 이르러 결국은 운명학술의 난해함에 손을 들고 말았다. 그러자 늘 정이 넘치고 마음씀이 융숭하던 스승님은 말씀이 없으셨고 더욱 엄하게 여겨졌다. 결국 팔자학(八字學)은 갑자(甲子)에서 시작하여 갑자(甲子)로 끝난다는 점을 깨닫기까지 적지 않은 시간을 보낸 것이다.

이 책은 사주학의 학습단계 중 하위 단계인 '합충론(神殺論)'을 배경으로 일주(日柱)별 각론을 엮어 놓은 것이다. 부득이 원리나 실기(實技) 양면을 모두 포괄하지는 못하고 있다. 하지만 각 갑자(甲子)별로 정리된 내용이 비단 일주(日柱)에만 한정되는 것이 아니라 팔자(八字)와 세운(歲運) 전체로 다양하게 응용할 수 있다는 점에서 고착 관념을 벗어날 필요가 있다고 생각한다. 무릇 사물의 밑바탕이 가장 중요하다. 베이식은 누구를 막론하고 중요한 지침이 된다. 따라서 이 책이 초학자는 물론 팔자술 실전 현장에서도 유용한 지침서가 되길 기대한다.

西紀 2007年 12月

著者 謹識

사람이 태어난 연월일시 네 기둥을 사주(四柱)라 하고 각 기둥에는 간지(干支) 한 글자씩이 정해지는 데, 그렇다면 네 기둥에는 여덟 글자가 채워질 것입니다.

즉 팔자(八字)란 사주(四柱)의 간지(干支)가 되는 여덟 글자를 말하는 것입니다. 따라서 누구에게나 태어난 연월일시인 사주(四柱)가 배정되고 독자들은 어렵지 않게 자신과 타인의 사주팔자를 세워 확인해 볼 수 있는 방법이 있습니다. 지금 당장 본인과 가족, 가까운 사람들의 생년월일시를 확인해서 사주팔자로 전환해서 기록해 두는 방법은 얼마든지 있습니다.

사주(四柱)를 세울 때는 생일이 간지(干支)로 기록된 '만세력'이라는 책을 구해 찾는 법이 일반적이지만, 현재 시점에서 바로 사주팔자를 세우는 가장 손쉬운 방법으로 휴대 전화를 이용해서 '5850#0'을 입력한 다음 인터넷으로 접속하면 사주팔자를 세우는 '만세력 프로그램'을 바로 활용할 수도 있습니다. 접속한 창에 나타난 연월일시의 빈칸에 해당 숫자만 기입하면 즉시 사주팔자를 확인할 수 있게 됩니다.

☞ **'휴대 전화'로 사주 찾는 방법**

'명리보감' 제공

1. 모바일 주소(WINC) 방식 : 키패드 '5850#0' 입력 → SKT: Nate, KTF: Magicn, LGT: ez-i 버튼

2. 모바일 인터넷 주소 등록 방식 : 휴대 전화 메뉴에서 인터넷주소 아래와 같이 설정 → 인터넷 접속

SKT/LGT : http://sajucycle.com/hp/

KTF : http://sajucycle.com/h

보통 사주(四柱)는 다음과 같은 방식으로 정립합니다.

時	日	月	年
戊子	丙子	庚寅	辛亥

이렇게 우측에서 좌측으로, 연월일시 순의 간지(干支) 두 글자씩 기입하게 되고 이 사람의 팔자(八字)는 '신해년, 경인월, 병자일, 무자시'로 표현하면 됩니다. 이 책에서 각 갑자(甲子)별로 정리한 내용은 먼저 태어난 날짜의 기둥인 일주(日柱)를 기준으로 살펴보고, 다음으로 각 기둥별 천간(天干)의 육신(六神)을 감안하여 전체 의미를 헤아려 볼 수 있습니다.

■일주신살론(日柱神殺論)의 의미

전통적으로 자평술(子平術)의 양축은 격국(格局)과 신살(神殺)이라 할 수 있다. 격국의 이론은 월지(月支)가 바탕이 되며, 신살은 일시(日時)를 중시한다. 이는 곧 체용(體用)이자 표리(表裏)라 할 수 있다. 조후(調喉)와 격국의 청순(淸純)함이 사주체의 고저와 귀천을 분별하는 틀이라면, 신살은 일시에 숨은 내면의 기이한 길흉 암시를 내포하는 것이다.

또한 명식 원국의 '원형이정(元亨利貞)'법은 일지(日支)를 장년기로 구분하므로 일주(日柱)의 '신살'을 포괄하여 이해하면 장성한 한 개인의 현재 상황과 노년에 이르기까지 자아(自我)와 그 내면의 속성, 숙명적 희로애락의 암시를 독해하는 중요한 재료로 활용될 수 있다.

신살의 구성 원리는 제 동양학술이 그러하듯이 모두 陰陽, 五行, 八卦, 九星의 이론체계를 바탕으로 성립된 것이다. 오술(五術) 중에 유독 명리학(命理學) 만이 오행의 생극제화(生剋制化) 법칙에 비중을 두고 발전해 왔으므로 신살론을 오행의 상호 작용에 근거한 선별적인 운용으로 그치거나, 더욱이 이를 부정하는 이들이 많은데 이는 무지에서 빚어진 일이다.

가령 팔괘나 구성의 원리에서 비롯된 귀문(鬼門)이나 백호(白虎) 등의 신살로 전율이 이는 팔자술(八字術)의 묘리(妙理)를 경험하는 일은 어렵지 않은데, 이를 두고 막연히 刑沖의 작용력이나 오행의 균형이 상실된 데서만 그 연유를 찾아내려 애쓴다면 세월의 낭비가 이만저만이 아닐 것이다. 무릇 학문은 아집(我執)만으로는 완성되지 않는다. 이 계통은 정설(正說, orthodox)이라는 미명 아래, 더 이상의 학문적인 진보를 가로막는 장애 요인들이 적지 않다. 그러므로 함부로 창조하거나, 포기하지 말고 근기(根基)를 유지하면서 온고지신(溫故知新)을 게을리 하지 않는 자세가 무엇보다 중요하다.

고서에서 보편적으로 통칭한 신살의 의미는 다음과 같다.

> 우주 공간에 존재하는 모든 사물들은 상호 대좌(對坐)를 이루며 자기의 좌표를 유지하는 공전(公轉)과 자전(自轉) 운동을 하고 있다. 이때 상호인력과 추력(推力)의 작용에 의해 발생하는 파장의 종류가 대좌각도(對坐角度)에 따라 이기(理氣)로 나타나는 것이다. 이러한 것을 구분하여 논한 것이 바로 신살이다. 일례로 우주운행집도(宇宙運行執道)에 상수(象數)인 간지(干支)를 배속하여 입동(立冬)에서 동지(冬至) 사이를 운행할 때는 천체운행집도(天體運行執道)가 壬에 해당하는 태양분도

(太陽分度)에 月과 지구가 삼합(三合)으로 회합(會合)하는 대좌위치에 속하게 된다.

다시 말해 청명(淸明)과 곡우(穀雨) 절에 해당하는 辰月에는 태양과 월의 파장이 壬에 해당하는 성분을 가장 활성화시키므로 이를 천덕월덕(天德月德)이라 하고 태양이나 월의 혜택이 있다고 보는 것이다. 까닭에 3월에 출생한 사람이 壬日생이면 월덕귀인(月德貴人)이라 하고 해당 月에서 파장되고 조성된 기운, 정기(精氣)의 혜택을 받는다는 것이다. 이 같이 신살은 각종 성좌(星座)가 형성된 각도에 따라 주체와 객체 상호간 어떠한 영향을 미치는가에 따라 인간사의 길흉선악에 영향을 미치는 요인으로 작용한다.

이와 같은 신살 구성의 내용은 다음 3가지로 구분된다.

1. 천간 길흉 신살

천간을 주체로 하여 타간지와 비교했을 때, 상대적 관계가 어떻게 성립되느냐 하는 문제를 판단하는 것으로 천간의 길신과 흉신이 구분된다. 주로 '년간'과 '일간'을 주체로 삼고 있는 것이 원리상 적법한 것으로 받아들여진다.

2. 지지 길흉 신살

주로 '년지'와 '일지'를 주체로 타간지와 비교하여 상호 작용의 길흉을 판단하는 것이 지지 신살론의 줄기가 된다. 지지 신살론은 천간의 신살론에 비해 보다 복잡다양한 내용을 지닌다.

3. 월령 길흉 신살

이는 '월령(月令)'이 주체가 되어 타간지와 비교하여 성립되는 원리로 가령 寅月이면 丙火를 보고 월덕귀인(月德貴人)이라 하고, 丁火를 보면 천덕귀인(天德貴人)이라 하는 것인데, 지지에 申이 있으면 월파(月破)가 성립되는 식이다.

신살의 분포는 대개 '寅申巳亥'의 경우 망신, 겁살, 장생, 록마(祿馬) 등이 있으며 '子午卯酉'에 진신(進神), 양인, 백호, 재살, 함지, 장성, 현침, 파쇄 등이 있고, '辰戌丑未'에는 화개, 비인, 묘고, 삼형, 파쇄 등이 분포된다. 통상 고법(古法 : 三命)에 이르길 일시(日時)에 여러 가지 살(殺)이 모여도 해당 지지의 오행이 해당 주의 납음오행(納音五行)을 기준으로 장생이 되거나, 귀인에 해당할 때 흉변길(凶變吉)의 묘리가 있다. 또한 해당 지지가 '귀인'을 보면 제살(諸殺)을 소멸시키는 작용력이 있다고 전해진다. 보통 살 중에 살이 가중했더라도 장생(長生)과 록귀(祿貴)가 있어서 그 살이 군주(君主 : 일간)를 생하면 숨은 복록(福祿)의 작용을 한다. 동일한 살성(殺星)이 이궁(二宮)을 점하는 것을 기피하고, 생년 납음(納音)에도 살과 같은 오행이 있는 것을 두려워한다.

그리고 신살은 우리의 민족정서와 일체감을 보여 주고 있다는 점에 주목할 필요가 있다. 신살은 우리 생활의 도처에서 여러 사례로 발견된다. 흔히 밖으로 잘 나돌아 다니는 사람을 일컬어 역마(驛馬)가 들었다하고, 아름다운 여성의 눈을 보고 도화(桃花)를 입에 담기도 한다. 이 같이 우리 생활의 깊은 부분에 접근해 있으면서 실체의 작용과 영향력을 행사해 온 신살의 세계를 과소평가할 수는 없는 법이다. 향후 학문 연구의 재료로도 매우 의미가 있는 분야로 생각된다.

Sexagenary Humanics

육십갑자 인간학

"오행(五行)의 생극제화(生剋制化)", 암합(暗合), 신살(神殺), 자의(字意) 및 상의(象意), 납음물상(納音物象), 오운육기(五運六氣) 등의 모든 작용력을 고려하여 현상(現狀)에서 임상(臨床)을 거쳐 정리된 "육십갑자(六十甲子) 인간학(人間學)"으로 '이수문파(李修門派)'의 일부 비전(秘傳)급 내용들을 수록(收錄)하고 있습니다.

1. 甲子(壬10 癸20)

浴 태극귀인(太極貴人) 효신(梟神) 나체도화(裸體桃花)

일지 장성(將星)으로 자기중심의 소견에 사로잡혀 고집이 대단하다. 子水의 상징은 인수(印綬)가 주가 되므로 지적 수준이 높은 편으로 보편적인 기준에서 지혜와 총명을 암시하는 길한 성분으로 볼 수 있다. 이는 중년의 학구열을 암시하기도 하며 상명(上命)은 교육계에서의 성공을 시사한다. 甲木은 제일선이니 주변의 성원에 힘입어 선두로 나서려는 기질이 강하다. "큰 나무 아래의 쥐"는 사람을 다스리는 지도자의 상을 의미한다.

한편 효신(梟神)의 성분 또한 내재되어 있으므로, 인정이 많아 남 주기를 좋아하는 속성 이면에 편을 가르는 냉정함이 상존한다. 이해타산이 분명하며 자신의 속마음을 노출시키지 않는다. 이는 모친의 자애(慈愛)가 일찍이 유실되거나, 장년이 되어 모친으로 인한 근심걱정을 하게 됨을 암시한다. 女命의 효신(梟神)은 자식이 귀하므로 자연유산이나 산후풍(産後風)을 조심해야 한다.

丑月이나 丑時, 子時생이면 자녀를 두기 어렵다.

욕지궁(浴地宮)으로 부부 공히 멋과 풍류를 즐기며 사치하기 쉽고, 배우자의 가풍은 대개 좋은 편이나, 남자는 패지(敗地)의 흉조로 직업이 일정치 않고, 주색풍파가 염려된다. 처가의 도움을 받거나 처에게 의지하는 경향이 있되 모처불화(母妻不和)를 면키 어렵다. 여자는 특히 나체도화(裸體桃花)의 작용으로 부부궁이 부실해지기 쉽다. 팔자(八字)가 기박(奇薄)하게 흐른다면 자존심은 강하나 재물이 없으며 이혼(離婚), 재가(再嫁)를 피하기 어렵게 된다. 부궁(夫宮)에 친정이 자리하면 대개 시가(媤家)와 불화(不和)한다.

神殺 註

태극귀인(太極貴人)

갑자(甲子), 갑오(甲午), 정묘(丁卯), 정유(丁酉), 무진(戊辰), 무술(戊戌), 기축(己丑), 기미(己未), 경인(庚寅), 신해(辛亥), 임신(壬申), 계사(癸巳) 일이 태극귀인에 해당되며, 태극은 시종(始終)을 의미하여 종래 성과를 거두는 기쁨을 암시한다.

☞ 원래 태극귀인은 생년(生年)을 위주로 보나, 일지(日支)에서도 보며 격국(格局)의 청순함을 요한다. 격국이 우수하면 입신양명(立身揚名)한다는 것이다.

효신(梟神)

효신은 일지에 편인을 보는 것인데, 동방불인지조(東方不仁之鳥)로 모조(母鳥)를 잡아먹는다는 올빼미에서 연유된 말이다. 유실자모(幼失慈母), 모외유모(母外有母), 모정유추(母情有愁)라 하여 모친의 덕이 부족하고, 성장해서는 모친에 대한 근심을 하는 일이 잦은 경우로 잘 나타난다.

나체도화(裸體桃花)

여명(女命)의 일시(日時)가 효신이면 무자(無子)하기 쉬우니 이는 자식을 의미하는 식상을 극하기 때문이다. 유산(遺産) 등의 산액을 경험하게 되고, 생리불순 등을 겪기 쉬우며 자손과 인연이 희박함을 시사한다.

필살기(必殺技)

1. 냉철하고 문장력이 좋으며 진신(進神)의 작용으로 자신이 하고 싶은 것만 하려고 한다.
2. 남자는 대개 어머니와 처가 불화하여 마음이 편치 않다.
3. 여자는 유산(流産)이나 낙태(落胎)를 경험하게 되며 수족냉증에 시달린다.

타이밍(timing)

☞ 吉日時는 거래, 매매, 합의, 투자에 적합한 시간대로 활용하

고, 凶日時는 투자나 매매 행위 일체는 피하고 가급적 휴식함이 좋지만, 원거리 이동, 운동, 노동 등의 힘의 소모로 대처함이 좋다.

☞ 甲辰, 乙巳, 丙申, 丁亥, 戊戌, 己丑, 庚辰, 辛巳, 壬申, 癸亥日은 십악대패일(十惡大敗日)로 택일 상 적합치 않은 일진이다.

吉日 : 丑日, 辰日

吉時 : 01시 30분에서 03시 30분 사이

凶日 : 午日, 戌日

凶時 : 11시 30분에서 13시 30분 사이

결혼, 이사, 개업 擇日 : 甲寅일, 丙寅일, 壬寅일

질병(疾病)

甲子 일주는 '겨울나무'의 상이라, 추위를 많이 타고 중풍, (수족)냉증, 간담(肝膽) 등의 질병을 조심해야 하며 특히 여자의 경우 자연유산이나 산후풍(産後風)을 조심해야 한다.

甲: 쓸개, 머리, 수염, 머리카락

子: 방광(膀胱), 음부(陰部), 요도(尿道), 귀(耳)

직업(職業)

인성(印星)과 장성(將星)의 조화는 군경, 예능계, 교육계, 언론계, 정계로 진출하는 경우가 많고, 사업 분야는 섬유업, 목재업, 유흥업, 문화기획, 첨단기술 계통에 적합하다.

2 乙丑(癸9 辛3 己18)

衰 복성귀인(福星貴人) 금신(金神) 곡각(曲脚)

"철(鐵)의 창고"라, 칠전팔기 형으로 그 집념은 최후의 수확을 낸다. 乙丑의 물상은 "진흙 속에서 연꽃이 핀 형상"이기 때문이다. 사업을 할 가능성이 높다. 목적을 향한 상당한 인내심이 있고, 또한 신비한 사상이나 학술에 상당히 관심이 있지만, 몰두하지는 않는다. 이는 己土 편재(偏財)가 癸水 편인(偏印)을 제어하기 때문이다. 초년보다는 중년이 좋다. 음(陰)의 속성이 강하여 강자를 만나면 고개를 숙이고 따르는 경향이 있으며 일종의 의타심(依他心)이 있는 편이다.

수술수가 있으며 水기(氣)가 부족하면 암(癌)에 걸릴 우려도 있다. 곡각살(曲脚殺)은 베풀지 않으면 당한다는 암시가 있다. 곡각(曲脚)은 자신이나 배우자의 신상에 수술(手術)수를 피하기 어려움을 암시한다. 타인을 위해 봉사를 많이 해도 인덕이 없는 편이다. 午時생이면 인생 비관에 부부해로가 어렵고, 약물 중독이나 가스 등에 오염될 우려가 있다. 관고(官庫)에 칼을 두었으니 외과 의사나 검경계, 군인으로 진출하면 상격이 되고, 정육점이나 갈비집과 인연을 맺기 쉽다.

여성은 세상살이가 고통스러워 비관을 자주하며, 남편의 덕이 없다. 험한 일에 종사하게 되면 성격이 매우 독하게 변하는 수가 있다. 대체로 파란만장한 삶의 행로가 펼쳐져도 부동산으로 치부(致富)하게 되고 부자로 살 수 있다. 격(格)이 좋으면 남편이 경찰, 군인, 의사인 경우로 행복하며, 남편을 자기 의지대로 움직이는 재주가 비상하다. 그러나 대개는 남편의 덕이 없고 사별(死別)을 경험하는 수도 있다. 을목(乙木) 일주는 상부상처(喪夫喪妻)의 흉의가 생에 언젠가는 있음을 명심하고, 항시 배우자의 건강을 살펴야 한다. 만혼(晩婚)이나 초혼(初婚)의 실패자를 만나면 흉운을 면하고, 행복할 수 있다.

神殺 註:

<u>복성귀인(福星貴人)</u>

갑인(甲寅), 을축(乙丑), 병자(丙子), 정유(丁酉), 무신(戊申), 기미(己未), 경오(庚午), 신사(辛巳), 임진(壬辰). 계묘(癸卯)의 간지 조합을 복성귀인이라 하고 수복(壽福)을 뜻하는 길신이므로 일생 동안 복록이 따르는 편이며 부귀장수 한다고 한다. 복성귀인은 시지(時支)에 있으면 더욱 좋다.

금신(金神)

을축(乙丑), 기사(己巳), 계유(癸酉)일이 금신에 해당되며, 불굴의 의지와 초지일관(初志一貫)을 암시하는 성분으로 일시(日時)에 겹치면 사법관으로 출세하거나 무관으로 장성의 지위에 오른다.

곡각살(曲脚殺)

乙, 己, 巳, 丑 위의 네 자가 명식에 있으면 곡각(曲脚)이라 하는데 이는 사고나 병으로 인하여 수족을 못 쓰거나 절단되는 것을 말한다. 또 신경통 등으로 수족에 이상이 있는 것도 포함된다.

필살기(必殺技)

1. "소가 밭을 갈고 곡식이 나온 상"이니 꾸준히 축재하여 부자 소리 듣겠다.
2. 호인(好人) 형이지만 박력은 없는 편이고, 처권(妻權)이 강해 공처가이기 쉽다.
3. 여자는 '자좌관고(自坐官庫)'라, 남편의 덕이 없고 생리사별이 예상된다.

타이밍(timing)

☞ 吉日時는 거래, 매매, 합의, 투자에 적합한 시간대로 활용하고, 凶日時는 투자나 매매 행위 일체는 피하고 가급적 휴식함

이 좋지만, 원거리 이동, 운동, 노동 등의 힘의 소모로 대처함이 좋다.

☞ 甲辰, 乙巳, 丙申, 丁亥, 戊戌, 己丑, 庚辰, 辛巳, 壬申, 癸亥日은 십악대패일(十惡大敗日)로 택일 상 적합치 않은 일진이다.

吉日 : 子日, 申日

吉時 : 23시 30분에서 01시 30분 사이

凶 日 : 未日, 戌日

凶時 : 13시 30분에서 15시 30분 사이

결혼, 이사, 개업 擇日 : 甲寅일, 乙卯일, 丙寅일, 戊寅일, 己卯일, 庚寅일, 癸卯일

질병(疾病)

乙丑일주는 간(肝), 중풍, 냉증 등의 질병을 조심해야 하며 특히 위가 약해 위염, 위궤양으로 고생 할 수 있으며, 탕화(湯火)의 영향으로 화상, 동상 등을 조심해야 한다. '곡각'으로 수술수가 있으며 신경통으로 시달릴 소지가 강하다.

乙: 간(肝), 두발, 음모(陰毛), 손가락, 목덜미

丑: 위(胃), 비장(脾臟), 좌측다리

직업(職業)

편인(偏印), 편관(偏官), 편재(偏財)의 내재로 금융계, 재정계, 의료계, 교육계 등으로 진출하는 경우가 많고, 사업 분야는 식품업, 토산품, 건축업, 관청관련업무 등의 계통이 적합하다. 칼과 연관 있는 직업이 많다.

3 丙寅(戊7 丙7 甲16)

生 학당귀인(學堂貴人) 홍염(紅艶) 효신(梟神)

"초목에 양광(陽光)이 비치는 상"이니 비상한 두뇌의 소유자로 독창적이며, 진취적인 기상이 있다. 목화통명(木火通明)이니 중년 이후에도 학구열이 식지 않고, 명성이 난다. 교육, 문학, 예능에도 재능이 있고, 편인(偏印), 역마(驛馬)의 영향으로 유학길에 오르기도 하며 먼 곳에 스승을 두고 오가는 경우를 종종 볼 수 있다. 주관이 강한 편이지만 타인의 호평을 받는 격이며, 문곡(文曲), 학당(學堂) 귀인은 학문이나 정신, 문화계에서의 왕성한 활동을 시사한다.

효신(梟神)의 성분으로 일찍 모친의 자애(慈愛)가 유실되거나 장년이 되어서도 모친으로 인한 근심걱정 끊이질 않는 경우가 많다. 남성은 지혜가 출중하고 인정이 많으며 인물이 준수하다. 명예욕이 많고 겉으로는 강해도 안으로는 동정심이 많으므로 이성(異性)에게는 약한 성향을 드러내기 쉽다. 능수능란한 수완가

형이나, 때로는 침착성의 결여로 경솔한 언행이 있었다는 점을 스스로 인식하고, 후회할 때가 있다.

여성 또한 다정다감하고, 활동적인데 고집은 세고 욕심은 많은 편으로 다소 이기적인 유형이다. 대개 미모이거나 묘한 매력이 있어 따르는 이성이 적지 않다. 다만 기분의 변화가 심하여 타인에게 폐를 끼치는 경우가 종종 있는데, 말과 행동과 실천이 전혀 다를 때가 많으므로 신용을 지키도록 애써야 한다. 추명 실전에서는 의뢰인을 일단 '성난 범'으로 규정하고 감정에 임하는 테크닉을 보이기도 한다.

神殺 註:

학당귀인(學堂貴人)

甲은 亥, 乙은 午, 丙戊은 寅, 丁己는 酉, 庚은 巳, 辛은 子, 壬은 申, 癸는 卯를 보면 학당귀인이다. 학당귀인은 포태법상 장생 궁에 해당하는 것으로 지성이 돋보이고, 교육자로 진로를 정하면 특히 길하다. 주중(柱中)에 흉이 있어도 제거하는 역할을 한다.

효신살(梟神殺)

갑자(甲子), 을해(乙亥), 병인(丙寅), 정묘(丁卯), 무오(戊午), 기사(己巳), 경진(庚辰), 경술(庚戌), 신미(辛未), 신축(辛丑), 임신(壬申), 계유(癸酉) 이렇게 12가지의 일주를 타고난 삶은 효신살에 해당되는데, 이 살의 작용은 일찍 생모(生母)와 이별하거나 어머니가 인연이 없거나 아니면 모처(母妻)가 상호 불화하는 육신의 의미를 지닌다. 효조(梟鳥)란 올빼미를 가리키는데 자라서는 어미 새를 잡아먹는다는 흉한 습성을 가진 새로서 집안에 올빼미나 부엉이의 그림이라든가 박제 등을 두지 않는 것이 좋다고 한다.

홍염살(紅艶殺)

갑오(甲午), 병인(丙寅), 정미(丁未), 무진(戊辰), 경술(庚戌), 임신(壬申), 임자(壬子) 일주가 홍염에 해당된다. 작용력은 도화와 유사하며, 외정(外情)이 두려울 지경에 이르기도 한다. 여명은 기생(妓生), 남명은 작첩(作妾)한다는 암시가 있고 이성에게 호감을 사는 매력이 따른다.

필살기(必殺技)

1. 최고학부 출신으로 어학 분야에 소질이 있으며, 카운슬러 역할을 잘 한다.
2. 육친의 덕은 약한 자수성가형이며 인덕을 베풀지만, 가까운 사람으로부터 손해를 본다.
3. 남자는 여성편력이 있어도 가정을 지키고, 여자는 남편이 마음에 안 들어도 해로한다.

타이밍(timing)

☞ 吉日時는 거래, 매매, 합의, 투자에 적합한 시간대로 활용하고, 凶日時는 투자나 매매 행위 일체는 피하고 가급적 휴식함이 좋지만, 원거리 이동, 운동, 노동 등의 힘의 소모로 대처함이 좋다.

☞ 甲辰, 乙巳, 丙申, 丁亥, 戊戌, 己丑, 庚辰, 辛巳, 壬申, 癸亥日은 십악대패일(十惡大敗日)로 택일 상 적합치 않은 일진이다.

吉日 : 午日, 亥日

吉時 : 13시 30분에서 15시 30분 사이

凶日 : 申日, 戌日

凶時 : 15시 30분에서 17시 30분 사이

결혼, 이사, 개업 擇日 : 甲寅일, 乙卯일, 丙寅일, 丁卯일, 戊寅일, 己卯일, 辛卯일

질병(疾病)

丙寅 일주는 고혈압, 장 계통(치질, 변비 등), 시력, 기관지 등의 질병을 조심해야 하며, 신경통이 염려되니 무리한 일은 피하고 탕화(湯火)의 영향으로 화상과 신경과민, 정신이상을 조심해야 한다. 몸에 화상의 흉터가 있으면 화마(火魔)는 피한다.

丙: 소장(小腸), 어깨

寅: 쓸개, 손, 머리카락

직업(職業)

식신(食神), 편인(偏印), 역마(驛馬)의 영향으로 외교계(壬水 희신이 투출하면 외교관에 준함), 법정계, 교육계, 군경 등으로 진출하는 경우가 많고, 사업 분야는 전자통신, 육영사업, 유흥업, 스포츠 등의 계통이 적합하다.

4 丁卯(甲10 乙20)

病 태극귀인(太極貴人) 효신(梟神)

일지 인수(印綬)는 지적 수준이 높고 지혜와 총명을 나타내며 중년 이후에도 변함없는 학구열을 암시한다. 인정 많고 똑똑하며 포부와 야망은 대단하지만 식상(食傷)의 부재로 추진력이 없어 무슨 일이든 주저하기 쉽고 자신의 능력에 비해 성과 면에서는 실속 없는 결과로 나타나기 쉽다. 문곡(文曲)이 있어 영리하고 학업에 우수한 자질을 타고나지만 용두사미(龍頭蛇尾)의 성향을 극복하기 어렵다. 대체로 卯는 조(燥), 寅은 습(濕)을 기뻐하는데, 습하여 생화(生火)가 잘 되지 않으면 늘 마음이 불안하고 득(得)이 없다.

일지 효신(梟神)의 의미는 인정이 많아 남 주기를 좋아하는 속성 이면에 편을 가르는 냉정함이 상존한다. 이해타산이 분명하여 매사 욕망이 대단하지만 겉으로는 쉽게 나타내지 않는다. 외면은 온순하게 보이나 승부의 기질이 내재하여 저돌성이 있고, 늘 기회를 엿보는 상이다. 두뇌 회전이 빠르고 선견지명(先見之明)이 있으므로 초반에는 늘 남보다 앞서나가는 편이다.

일지 도화(桃花)를 놓아 남여 공히 배우자의 미모는 기대 이상이며 멋과 풍류를 즐길 줄 안다. 그러나 사치와 주색풍파(酒色風波)에 빠지기 쉽다. 남성은 배우자 자리에 인수(印綬)가 자리하니 대개 고부(姑婦)갈등을 초래한다. 여성은 자존심이 강하고 시모(媤母)와의 갈등으로 이혼(離婚), 재가(再嫁)가 염려되며, 패지(敗地) 도화(桃花)의 작용은 어떤 옷을 입어도 잘 어울리는 센스를 타고난다. 혈육 간에 생리사별하고, 친모(親母)로 인한 걱정은 평생을 두고 떠나지 않는다.

神殺 註:

태극귀인(太極貴人)

갑자(甲子), 갑오(甲午), 정묘(丁卯), 정유(丁酉), 무진(戊辰), 무술(戊戌), 기축(己丑), 기미(己未), 경인(庚寅), 신해(辛亥), 임신(壬申), 계사(癸巳) 일이 태극귀인에 해당되며, 태극은 시종(始終)을 의미하여 종래 성과를 거두는 기쁨을 암시한다.

☞ 원래 태극귀인은 생년(生年)을 위주로 보나, 일지(日支)에서도 보며 격국(格局)의 청순함을 요한다. 격국이 우수하면 입신양명(立身揚名)한다는 것이다.

효신살(梟神殺)

갑자(甲子), 을해(乙亥), 병인(丙寅), 정묘(丁卯), 무오(戊午), 기사(己巳), 경진(庚辰), 경술(庚戌), 신미(辛未), 신축(辛丑), 임신(壬申), 계유(癸酉) 이렇게 12가지의 일주를 타고난 삶은 효신살에 해당되는데, 이 살의 작용은 일찍 생모(生母)와 이별하거나 어머니가 인연이 없거나 아니면 모처(母妻)가 상호 불화하는 육신의 의미를 지닌다. 효조(梟鳥)란 올빼미를 가리키는데 자라서는 어미 새를 잡아먹는다는 흉한 습성을 가진 새로서 집안에 올빼미나 부엉이의 그림이라든가 박제 등을 두지 않는 것이 좋다고 한다.

필살기(必殺技)

1. "달 빛 아래의 토끼"는 인정이 많고, 눈치가 빠르므로 신속하게 성공하는 유형이다.
2. 일지 효신(梟申)에 현침(懸針)은 중년 이후 부부의 인연이 바뀜을 의미한다.
3. 인정 많고, 똑똑하며 화끈한 편이지만, 신경질적이고 질투가 심한 다변적인 성품이다.

타이밍(timing)

☞ 吉日時는 거래, 매매, 합의, 투자에 적합한 시간대로 활용하고, 凶日時는 투자나 매매 행위 일체는 피하고 가급적 휴식함이 좋지만, 원거리 이동, 운동, 노동 등의 힘의 소모로 대처함

이 좋다.

☞ 甲辰, 乙巳, 丙申, 丁亥, 戊戌, 己丑, 庚辰, 辛巳, 壬申, 癸亥日은 십악대패일(十惡大敗日)로 택일 상 적합치 않은 일진이다.

吉日 : 未日, 亥日

吉時 : 07시 30분에서 09시 30분 사이

凶日 : 酉日, 戌日

凶時 : 17시 30분에서 19시 30분 사이

결혼, 이사, 개업 擇日 : 甲寅일, 乙卯일, 丙寅일, 丁卯일, 戊寅일, 己卯일, 庚寅일, 壬寅일

질병(疾病)

丁卯 일주는 심장이 약하고, 시력이 약한 경우가 많다. 심장, 저혈압, 당뇨병 등의 질병을 조심해야 하며, 간에 질병이 생길 수 있으니 음주는 삼가는 것이 좋으며, 子時 생이면 성병(性病)에 유의해야 한다.

丁: 심장(心腸)

卯: 간(肝), 좌측갈비, 손가락

직업(職業)

책과 관련이 깊다. 교육, 행정, 의료, 문화 예술 계통으로 진출하는 경우가 많고, 사업 분야는 유흥업, 종교, 언론, 원예 등의 계통이 적합하다.

5 戊辰(乙9 癸3 戊18)

帶 괴강(魁罡) 홍염살(紅艶殺) 백호대살(白虎大殺)

지능(知能)이 뛰어나고, 이상이 원대하며 필시 결실을 보는 저력이 있는 명이다. 직장인이나 상, 사업가는 패배의 쓴잔을 수회 마셔도 쓰러지지 않고 종래는 건재함을 과시한다. 주체가 강하고, 인내심이 강하며 성실하고 착한 마음을 지니고 있다. 외적으로는 호방하나, 내면은 항상 우울하고, 소심한 면이 있다. 무진(戊辰) 중궁(中宮)은 백호(白虎)의 기질을 함유하여, 종종 노기(老氣)를 띄게 되고, 초조, 난폭, 원망심을 표출하는 심리가 작용한다. 매사 고통과 시련을 거친 후에야 편안해진다는 암시가 있다.

진중(辰中) 계수(癸水)는 백호(白虎)의 재(財)로 이것은 횡재수(橫財數)와 관련이 깊으니 기이한 발복(發福)을 경험하기도 한다. 재고(財庫)는 부자(富者)를 암시하는 길성(吉星)이나, 암합(暗合)되어 있으므로 격사(擊謝)시켜야 하니 흉중길(凶中吉)이요, 이는 곧 탈재(奪財)를 뜻하기도 한다. 남성의 경우 대개 가사가 빈곤

하고 일만 많은 천직에서 발견되는 예가 많으므로, 필시 기술을 익히고 자격증을 가져야만 안정된 삶을 구가하게 된다.

여성은 애교가 없고 중성적인 기질을 함유한다. “헐벗은 산”의 상이니 고집은 소고집으로 배우자와 자식의 덕이 박(薄)한 편이다. 백호 관성은 자신이 활동해서 가계를 운영해야 부궁(夫宮)이 온전함을 암시한다. 살림만 사는 경우에는 남편이 떠나거나 사별(死別)하기도 한다. 숙명적 흉의는 신앙(信仰)으로 극복함이 가하고, 암합(暗合)된 재(財)의 창고는 기본적인 재물운이 살아있음을 의미한다.

神殺 註:

<u>일덕(日德)</u>

일덕은 성격이 착하고 자비(慈悲)스러우며 대운이 신왕(身旺)에 복록(祿)이 풍후(豊厚)하다. 甲에 寅이 좌록(坐祿)이 되며 丙은 진중(辰中)의 계수(癸水)가 관성의 창고, 戊의 辰은 재성의 창고, 경(庚)의 辰은 재성과 인성이 같이 있다. 壬의 戌은 재, 살, 인이 모두 있다.

<u>태극귀인(太極貴人)</u>

갑자(甲子), 갑오(甲午), 정묘(丁卯), 정유(丁酉), 무진(戊辰), 무술(戊戌), 기축(己丑), 기미(己未), 경인(庚寅), 신해(辛亥), 임신(壬申), 계

사(癸巳) 일이 태극귀인에 해당되며, 태극은 시종(始終)을 의미하여 종래 성과를 거두는 기쁨을 암시한다.
☞ 원래 태극귀인은 생년(生年)을 위주로 보나, 일지(日支)에서도 보며 격국(格局)의 청순함을 요한다. 격국이 우수하면 입신양명(立身揚名)한다는 것이다.

백호대살(白虎大殺)

갑진(甲辰), 을미(乙未), 병술(丙戌), 정축(丁丑), 무진(戊辰), 임술(壬戌), 계축(癸丑)의 일곱 개의 조합을 白虎라 하고 이는 기문학(奇門學)의 구성반(九星盤)에 중궁수(中宮數)이므로 명식 중에 이 살이 있으면 해당 육친의 혈광지사(血光之死)와 한을 품은 죽음을 겪는 흉포한 살성이라 할 수 있다. 일주에 있으면 괴강과 같이 성정이 강하고 과격성을 드러낼 수 있어도 남들의 부러움을 사는 기이한 발복이 있을 것이다.

필살기(必殺技)

1. "태산(泰山) 아래 진흙의 상"은 스스로 만든 근심과 비밀, 꽁하는 성품을 암시한다.
2. 처궁(妻宮)이 불안하여 평생 잔병으로 신음하거나, 사별하니 혼자되는 수가 있다.
3. 여명(女命)의 재관백호(財官白虎)는 남편이 무능해져야 오히려 탈이 없다.

타이밍(timing)

☞ 吉日時는 거래, 매매, 합의, 투자에 적합한 시간대로 활용하고, 凶日時는 투자나 매매 행위 일체는 피하고 가급적 휴식함이 좋지만, 원거리 이동, 운동, 노동 등의 힘의 소모로 대처함이 좋다.

☞ 甲辰, 乙巳, 丙申, 丁亥, 戊戌, 己丑, 庚辰, 辛巳, 壬申, 癸亥日은 십악대패일(十惡大敗日)로 택일 상 적합치 않은 일진이다.

吉日 : 丑日, 未日

吉時 : 01시 30분에서 03시 30분 사이

凶日 : 戌日, 亥日

凶時 : 19시 30분에서 21시 30분 사이

결혼, 이사, 개업 擇日 : 丙寅일, 丁卯일, 己卯일, 壬寅일, 癸卯일

질병(疾病)

戊辰 일주는 혈압, 습진, 풍질(風疾), 신경계 등의 질환을 조심해야 하며, 수술수가 있다.

戊: 위(胃), 갈비

辰: 가슴, 피부(皮膚), 좌측어깨

직업(職業)

관백호(官白虎)는 군경(軍警)의 무관직과 공무원, 외과의 등의 진로와 연관이 있다. 토건, 광산, 농축산, 임업, 종교 계통과도 유관하다.

6 己巳(戊7 庚7 丙16)

旺 금신(金神) 음인(陰刃) 곡각(曲脚) 낙정관(落井關)

사월(巳月)의 황사(黃蛇)는 활동력 면에서는 탁월하다. 사중(巳中)의 경금(庚金)은 제련된 금으로 대체로 음성이 크고, 맑으며 듣기 좋다. 내면의 감정이 풍부하고, 노래를 잘 한다. 음인(陰刃)은 내심 매우 고독해하기 쉽고, 독선적인 마음을 억누르지 못한다. 병화(丙火) 양광(陽光)으로 외음내양(外陰內陽)의 상이 펼쳐지면 아무리 어려운 경우에 처해도, 조상이 돕는 천우신조(天佑神助)가 있다.

교통이 편한 곳에 살고 항시 분주다망하며 조화가 비상하다. 남의 밑에 있기를 거부하는 유형으로 독립업이 가하다. 그 기질은 고집태강(固執太强), 초지일관(初志一貫), 백절불굴(百折不屈)으로 요약된다. 상관(傷官) 겁재(劫財) 성분은 대개 사업에 변동이 많고 재물에 대한 집착으로 이익이 되면 불의(不義)와도 타협할 수 있는 속성을 내포하고 있다. 까닭에 기사(己巳) 일생은 형

(刑)을 겪는다는 암시가 강하다. 일생을 통해 나이 50세까지는 항상 조심하기를 권고한다.

여명(女命)은 자기 위주의 삶의 양식에 충실한 편으로 이기적이고 타산적이기 쉽다. 인정도 많지만 기분의 변화가 심하다. 남녀 공히 혼담은 백 리 밖이라, 여행지에서 인연을 만날 확률이 높다. 부궁(夫宮)에 일말의 형액수(刑厄數)가 비치기 때문에, 조혼(早婚)하면 그 남편이 무력해질 때가 많다. 그러므로 교육, 의약계의 업종에 종사하는 남편이 최상이다. 배우자의 사랑을 받고, 후일 친모(親母)를 봉양하게 되는 경우가 많다.

神殺 註:

<u>금신(金神)</u>

을축(乙丑), 기사(己巳), 계유(癸酉)일이 금신에 해당되며, 불굴의 의지와 초지일관(初志一貫)을 암시하는 성분으로 일시(日時)에 겹치면 사법관으로 출세하거나 무관으로 장성의 지위에 오른다.

<u>음인(陰刃)</u>

정사(丁巳), 기사(己巳), 계해(癸亥) 일주는 음인에 해당하여 독선적인 성품을 지닌다. 자신도 모르게 칼을 맞는다는 암시가 있어 남의 비방(誹謗)을 받기도 하며 재물에 실패수가 따르기 쉬우니 주의할 일이다.

신병살(身病殺)

을사(乙巳), 을미(乙未), 기사(己巳)가 일시(日時)에 있으면 병이 끊이지 않고, 늘 몸이 아프다는 암시가 강하다.

낙정관(落井關)

甲己일에 난 사람이 巳를 만나거나, 乙庚일에 난 사람이 子를 만나거나, 丁壬일에 난 사람이 戌을 만날 때, 그리고 戊癸일생이 卯를 보는 경우에 낙정관살이 설립되는데, 이 살은 수재(水災)나 익수지환(溺水之患)을 당한다는 암시가 있다. 물로 인한 재난에 특별히 조심해야 하고 직업을 선택할 때도 수산업이나 제빙업, 생수사업 같은, 물을 대상으로 삼는 사업은 하지 않는 게 좋다고 한다.

필살기(必殺技)

1. 음인(陰刃)에 인수(印綬)는 내심 여러 가지 생각을 재고 있는 사람이다.
2. 처(妻)의 인연이 바뀌고, 범법(犯法) 행위로 인해 형(刑)을 겪을 우려가 있다.
3. 여명(女命)은 늘 몸이 아픈 경향이 있고, 사소하게 다치기 쉽다.

타이밍(timing)

☞ 吉日時는 거래, 매매, 합의, 투자에 적합한 시간대로 활용하

고, 凶日時는 투자나 매매 행위 일체는 피하고 가급적 휴식함이 좋지만, 원거리 이동, 운동, 노동 등의 힘의 소모로 대처함이 좋다.

☞ 甲辰, 乙巳, 丙申, 丁亥, 戊戌, 己丑, 庚辰, 辛巳, 壬申, 癸亥日은 십악대패일(十惡大敗日)로 택일 상 적합치 않은 일진이다.

吉日 : 子日, 酉日

吉時 : 23시 30분에서 01시 30분 사이

凶日 : 亥日, 戌日

凶時 : 21시 30분에서 23시 30분 사이

결혼, 이사, 개업 擇日 : 甲寅일, 丁卯일, 己卯일, 癸卯일

질병(疾病)

己巳 일주는 심장병, 위장병 등을 얻기 쉽고 혈압이 염려된다. 당뇨, 중풍 등의 성인병에 노출되기 쉽다. 역마(驛馬), 곡각(曲脚)이 겹치니 교통사고를 조심해야 한다.

己: 비장(脾臟), 배

巳: 얼굴, 인후(목구멍), 치아(齒牙), 항문(肛門)

직업(職業)

교육계, 언론계, 종교계 등으로 진출하는 경우가 많고, 해외출입에 이사가 많다. 물질적인 것보다는 정신적인 것에 진출하여 성공하는 사람이 많다.

7 庚午(丙10 己11 丁10)

浴 복성귀인(福星貴人) 장성(將星)

정관(正官)은 의리가 있고, 단정하며 정도를 가고자 하는 속성을 의미한다. 욕궁(浴宮)에 좌(坐)하니, 사교적이며 주색을 즐기는 경향이 있다. 공직으로 성공할 수도 있고 보통의 직장 생활에 잘 부합되는 유형이다. 경우도 밝고, 사물의 처리가 분명하여 사업보다는 조직 생활이 유리한 편이다. 반면 기상은 "백마(白馬)의 상"이니 이상이 원대하지만 알아주는 이가 없는 답답함이 있다.

남성은 공직생활에 적합하고, 사고방식은 건전하여 외견은 진실한 것 같으면서도 그 속은 깊어 내심은 알 수 없는 유형이다. 바깥에서는 인정을 받지만, 가정에는 등한한 편이다. 처(妻)의 권한이 강하고, 처로 인한 고통이 상존하며, 처가 사치하거나 낭비하기 쉽다. 본인은 풍류를 좋아하고, 오마(午馬)의 자의(字意)로 인해 여행을 즐긴다. 음성이 낭랑하여 듣기 좋고, 금(金)이 극

(剋)을 받으니 흡연은 금기(禁忌) 사항이다.

여성은 용모가 수려한 배우자와 인연이 있고, 남자와 같이 활동하게 되고, 화려한 것을 좋아하니 갤러리나 고급 바(bar) 등 인테리어가 잘 된 매장을 선호한다. "말이 서쪽 하늘을 바라보는 상"이라 한가한 중에도 엉뚱한 생각을 하기 쉽고, 개방적이며 외향적이라 가정적이지 못하다. 욕궁(浴宮), 화기(火氣)는 사치와 허영을 암시하니 만용과 경거망동하니 매사를 그르치니 유의할 일이다. 칠살도화(七殺桃花)는 윤리적으로 넘을 수 없는 선을 이탈하여 파가(破家)할 수도 있으므로 주의해야 한다.

神殺 註:

복성귀인(福星貴人)

갑인(甲寅), 을축(乙丑), 병자(丙子), 정유(丁酉), 무신(戊申), 기미(己未), 경오(庚午), 신사(辛巳), 임진(壬辰). 계묘(癸卯)의 간지 조합을 복성귀인이라 하고 수복(壽福)을 뜻하는 길신이므로 일생 동안 복록이 따르는 편이며 부귀장수 한다는 것이다. 복성귀인은 시지(時支)에 있으면 더욱 좋다.

장성(將星)

불굴의 정신으로 여하한 일이라도 고난을 뚫고 성취하려는 기상이 있다. 보통 일지 장성은 군관(軍官)으로 진출하면 크게 성공한다. 주관이 뚜렷하고 담이 커서 놀라거나 무서움을 잘 타지 않는다고 전해진다. 여명은 남편보다 기가 강한 형국이니 부부 궁이 불길해질 수 있다.

계비관(鷄飛關)

가축을 살생하는 것을 보면 질병에 노출될 위험이 있다고 하여 小兒關殺符로 많이 쓰이는데, 10세가 지나면 액이 소멸되는 것으로 의학이 발전하지 않았던 과거 시절에 주로 쓰였다. 어릴 때 살생하는 모습을 보이지 말라 했다. 甲己가 巳酉丑을, 乙丙丁戊가 子를, 庚辛壬癸가 寅午戌을 보면 계비살에 해당한다.

필살기(必殺技)

1. 오중(午中)의 조토(燥土)는 생금(生金)하는 작용이 미약하여 학문이 중단되기 쉽다.
2. 일지(日支), 오(午)의 불침(火針)은 여자 문제로 인한 고난을 예고한다.
3. 여명(女命), 목욕(沐浴)의 관살혼잡(官殺混雜)은 연하 남성과의 인연을 암시한다.

타이밍(timing)

☞ 吉日時는 거래, 매매, 합의, 투자에 적합한 시간대로 활용하고, 凶日時는 투자나 매매 행위 일체는 피하고 가급적 휴식함

이 좋지만, 원거리 이동, 운동, 노동 등의 힘의 소모로 대처함 이 좋다.

☞ 甲辰, 乙巳, 丙申, 丁亥, 戊戌, 己丑, 庚辰, 辛巳, 壬申, 癸亥日은 십악대패일(十惡大敗日)로 택일 상 적합치 않은 일진이다.

吉日 : 未日, 戌日

吉時 : 13시 30분에서 15시 30분 사이

凶日 : 子日, 亥日

凶時 : 23시 30분에서 01시 30분 사이

결혼, 이사, 개업 擇日 : 乙卯일, 丁卯일, 庚寅일, 辛卯일, 壬寅일, 癸卯일

질병(疾病)

庚午 일주는 폐 질환을 유의하고, 대장염, 피부병, 변비 등에 시달릴 소지가 있다. 여성은 생리통(下血症)으로 고생하는 경우가 많다. 화상으로 인한 흉터, 세상사를 비관하는 염세주의를 보이기도 한다.

庚: 대장(大腸), 배꼽

午: 정신, 심장(心腸), 눈

직업(職業)

행정직에 적합하며, 경찰이나 군인 등의 직업을 갖는 경우도 적지 않다. 사업 분야는 금속, 전자, 전기, 화공, 소방 설비 등의 계통이 적합하다.

8 辛未(丁9 乙3 己18)

衰 재고귀인(財庫貴人) 효신(梟神)

백양(白羊)은 순박하고 겸손한 성정을 시사한다. "해질 무렵의 양"은 울타리 속으로 들어가야 하므로 쓸쓸하고 적적(寂寂)한 맛이 있다. 신의(信義)가 있고 안정된 다정한 성품인데, 돌연 돌변하여 냉정성을 보일 여지가 있다. 주거, 직업, 환경 등에 변화가 많은 편인데 이는 未, 천역(天驛)에 연유한다. 辛의 숙살기(肅殺氣)는 한 번 마음이 틀어지면 끝까지 풀리지 않는 대단한 고집(固執)을 보이기도 한다.

재고(財庫)의 성분은 재물의 성취에 힘을 기울이고, 욕심이 있지만 처(妻)를 고생시키는 편이다. 또한 탐재괴인(貪財壞印)하는 기운이 있어 신앙에 뜻을 두지만 오래 가지 않는다. 조토(燥土)는 생금(生金)하는 작용이 미약하여 학문이 중단되기 쉽다. 자의(字意) 상으로 글씨나 서예(書藝)에 소질을 보인다. 재복(財福)은 있는 편이다.

여연(女戀)의 일주로 바깥 활동을 하면 혹 정부(情夫)를 만나기 쉽다. 지혜와 눈치가 비상하여 어떤 일이든 능수능란하게 처리하는 수완이 있고, 인정이 많은 반면 욕심도 많다. 인수(印綬)와 재고(財庫)가 결합되면 친가(親家)의 유산을 상속하게 된다. 장간(藏干)의 물상(物象)은 음식 솜씨가 뛰어남을 암시하고, 궁중요리나 한정식, 분식, 특히 튀김 요리를 잘 만들 것이다.

神殺 註:

재고귀인(財庫貴人)

갑진(甲辰), 병술(丙戌), 정축(丁丑), 무술(戊戌), 기축(己丑), 신미(辛未), 임술(壬戌) 일은 지지(地支)에 재성(財星)의 창고를 두어 재물을 많이 모아 부자(富者)가 된다는 길신(吉神)으로 분류한다. 재고귀인에는 조후(調喉)의 개념이 용해되어 있다.

남연살(男戀殺)

갑인(甲寅), 갑신(甲申), 정축(丁丑), 기축(己丑), 무신(戊申), 신미(辛未), 임인(壬寅), 계미(癸未) 일주의 남자는 배우자 몰래 다른 애인을 숨겨 둘 여지가 있으므로 망신을 살 우려가 있다.

여연살(女戀殺)

을축(乙丑), 정축(丁丑), 병신(丙申), 기미(己未), 경인(庚寅), 신미(辛未), 임인(壬寅), 임신(壬申) 일주의 여자는 배우자 몰래 다른 애인을 숨겨 둘 여지가 있으므로 망신을 살 우려가 있다.

효신살(梟神殺)

갑자(甲子), 을해(乙亥), 병인(丙寅), 정묘(丁卯), 무오(戊午), 기사(己巳), 경진(庚辰), 경술(庚戌), 신미(辛未), 신축(辛丑), 임신(壬申), 계유(癸酉) 이렇게 12가지의 일주를 타고난 삶은 효신살에 해당되는데, 이 살의 작용은 일찍 생모(生母)와 이별하거나 어머니가 인연이 없거나 아니면 모처(母妻)가 상호 불화하는 육신의 의미를 지닌다. 효조(梟鳥)란 올빼미를 가리키는데 자라서는 어미 새를 잡아먹는다는 흉한 습성을 가진 새로서 집안에 올빼미나 부엉이의 그림이라든가 박제 등을 두지 않는 것이 좋다고 한다.

필살기(必殺技)

1. 문곡귀인(文曲貴人)은 문필(文筆)이 바르고, 예체능계에도 소양을 지님을 암시한다.
2. '재관동림(財官同臨)'으로 혼전득자(婚前得子)하며 처(妻)가 잔병(殘病)에 시달린다.
3. 상부재가(喪夫再嫁)하는 경우가 많고, 남편 몰래 바람을 피운다.

타이밍(timing)

☞ 吉日時는 거래, 매매, 합의, 투자에 적합한 시간대로 활용하

고, 凶日時는 투자나 매매 행위 일체는 피하고 가급적 휴식함이 좋지만, 원거리 이동, 운동, 노동 등의 힘의 소모로 대처함이 좋다.

☞ 甲辰, 乙巳, 丙申, 丁亥, 戊戌, 己丑, 庚辰, 辛巳, 壬申, 癸亥日은 십악대패일(十惡大敗日)로 택일 상 적합치 않은 일진이다.

吉日 : 卯日, 午日

吉時 : 07시 30분에서 09시 30분 사이

凶日 : 丑日, 戌日

凶時 : 01시 30분에서 03시 30분

결혼, 이사, 개업 擇日 : 丙寅일, 戊寅일, 庚寅일, 辛卯일, 壬寅일

질병(疾病)

辛未 일주는 폐질환, 기관지, 위장병 계통의 질병을 조심해야 하며 지지가 너무 조열(燥熱)하면 해지면 치질(痔疾), 귓병(耳病) 등으로 시달린다.

辛: 폐(肺), 다리

未: 위장(胃腸), 명치, 척추

직업(職業)

교육계, 예능, 의약계, 사법관, 혹은 수사기관이나 재정 계통이 적합하다. 편인(偏印), 화개(華蓋)는 역술이나 건축, 토물 기술직에서도 적성이 부합됨을 의미한다.

9 壬申((戊7 壬7 庚16)

生 학당귀인(學堂貴人) 효신(梟神)

원류(原流)가 풍후하니 오랜 가뭄에도 마르지 않고, 여력이 대단하여, 어떤 환경에도 잘 적응하며 활발하고 포용력이 있다. 그러니 자연 만인의 신망을 얻게 되고, 또한 영리하여 다방면에서 재능을 실현하게 된다. 일지(日支) 장생(長生)은 여간한 흉살(凶殺)을 제복(制伏) 시키므로 좋은 일주라 할 수 있다. 학당(學堂)은 학문을 즐겨하고, 교육 계통으로의 진출을 돕는 길성(吉星)이다. 다만 편인(偏印)과 비견(比肩)의 왕성한 결합은 너무 한 방향으로 치우쳐 사물의 양면을 간과하는 속성을 지니기 쉬우므로, 교과서를 초월하는 마스터의 경지에 오르기는 수월치 않다.

겉으로는 단정하고, 온화하게 비치지만 내심은 "물이 솟아오르는 바위"의 형상으로 급격한 성향을 지니게 된다. 언변은 능숙하고, 외국어 계통에 자질이 우수하며, 설득력이 뛰어나 종교계(宗教界), 교육계, 의약계 등에서 크게 두각을 나타낼 수 있다. 일지

(一支) 지살(地殺)은 해외나 객지 생활로 분주함을 암시하고, 남자는 처(妻)를 생과부(生寡婦)로 만들 정도.

여명(女命) 또한 두뇌와 재치가 비상하며 사회활동을 하게 된다. 효신(梟神)은 자녀의 덕이 박(薄)하고, 시모(媤母)를 봉양하지 못함을 의미한다. 아쉽다면 박학다식(博學多識)에 걸 맞는 재복(財福)을 실감하기 어렵고, 부자(父子)와 떨어져 사는 기간이 많다. 현침(懸針)은 중년 이후 한 번의 수술수를 예고한다.

神殺 註:

<u>학당귀인(學堂貴人)</u>

학당귀인은 일간(日干)의 장생궁으로 학문을 즐겨하고 문장이 수려하며 학자나 교육자로 진로를 정하면 길하다.

<u>태극귀인(太極貴人)</u>

갑자(甲子), 갑오(甲午), 정묘(丁卯), 정유(丁酉), 무진(戊辰), 무술(戊戌), 기축(己丑), 기미(己未), 경인(庚寅), 신해(辛亥), 임신(壬申), 계사(癸巳) 일이 태극귀인에 해당되며, 태극은 시종(始終)을 의미하여 종래 성과를 거두는 기쁨을 암시한다.
☞ 원래 태극귀인은 생년(生年)을 위주로 보나, 일지(日支)에서도 보며 격국(格局)의 청순함을 요한다. 격국이 우수하면 입신양명(立身揚名)한다는 것이다.

효신살(梟神殺)

갑자(甲子), 을해(乙亥), 병인(丙寅), 정묘(丁卯), 무오(戊午), 기사(己巳), 경진(庚辰), 경술(庚戌), 신미(辛未), 신축(辛丑), 임신(壬申), 계유(癸酉) 이렇게 12가지의 일주를 타고난 삶은 효신살에 해당되는데, 이 살의 작용은 일찍 생모(生母)와 이별하거나 어머니가 인연이 없거나 아니면 모처(母妻)가 상호 불화하는 육신의 의미를 지닌다. 효조(梟鳥)란 올빼미를 가리키는데 자라서는 어미 새를 잡아먹는다는 흉한 습성을 가진 새로서 집안에 올빼미나 부엉이의 그림이라든가 박제 등을 두지 않는 것이 좋다고 한다.

필살기(必殺技)

1. 중년 이후에 타향에서 득명(得名)하고 해외에도 인연이 있다.
2. 가족과 떨어져 생활하는 고독(孤獨)한 객지 생활을 하게 된다.
3. 외화내빈(外華內貧)이라, 귀부인(貴婦人)의 상이나 내면의 곤고(困苦)함이 있다.

타이밍(timing)

☞ 吉日時는 거래, 매매, 합의, 투자에 적합한 시간대로 활용하고, 凶日時는 투자나 매매 행위 일체는 피하고 가급적 휴식함이 좋지만, 원거리 이동, 운동, 노동 등의 힘의 소모로 대처함이 좋다.

☞ 甲辰, 乙巳, 丙申, 丁亥, 戊戌, 己丑, 庚辰, 辛巳, 壬申, 癸亥

日은 십악대패일(十惡大敗日)로 택일 상 적합치 않은 일진이다.

吉日 : 子日, 巳日
吉時 : 01시 30분에서 03시 30분 사이
凶日 : 寅日, 亥日
凶時 : 03시 30분에서 05시 30분 사이
결혼, 이사, 개업 擇日 : 丁卯일, 辛卯일, 癸卯일

질병(疾病)

壬申 일주는 신장, 방광, 심장병, 당뇨, 성병 등을 주의해야 한다. 과음(過飮)을 특히 자제하고, 申 현침(懸針)은 중년 경의 수술수를 암시한다. 이때 오행에 배속된 해당 부위가 되는 환부(患部: 폐나 대장)에 탈이 나기 쉽다.

壬: 방광(膀胱), 경락, 삼초(三焦)
申: 폐(폐), 대장(大腸), 경락

직업(職業)

학자, 외교관, 의약계, 교육계가 적합하며, 사업으로는 관광업, 무역업, 수산업, 운수업, 양조업 등과 연관이 깊다. 종교계에서 큰 행보를 하기도 한다.

10 癸酉(庚10 辛20)

病 금신(金神) 효신(梟神)

깔끔하고 미모(美貌)를 갖추며 영리하고 암기력이 뛰어나다. 성품의 결백함이 고립을 자초하는 경향이 있다. 집념을 불태우며 어떠한 장애도 굴복치 않고, 견디어 내는 근기(根基)가 있으며 야망이 크다. 소학대성(小學大成)이라, 적게 배워도 크게 이룬다는 운기를 내포한다.

타인에게는 잘 베풀지만, 가족에게 인색한 기질은 酉, 천인(天刃)의 특징으로 어떤 일이든 자신이 참견해야 직성이 풀리는 편이다.

한편 "물에 젖은 닭"은 병이 들기 쉬운 상이니, 신장(腎臟)에 병이 들면 치유되기가 어렵다. 나체도화(裸體桃花)는 남녀 공히 이성 문제나 색정(色情)으로 인해 고통을 겪게 됨을 암시한다. 대인관계는 많으나, 그것을 즐기는 편은 아니며 인수(印綬)의 정편(正偏) 교집으로 자칫 악의 유혹에 빠지기 쉬운 것이다. 사회활동에서는 항상 중요하고 필요한 인물로 거론된다.

처(妻)나 처가(妻家)는 명문가로 덕을 많이 보거나, 아니면 화류계의 여성이나 흠이 있는 상대로 연상(年上)의 여인과 인연을 맺는 경우로 구분된다. 대체로 처덕(妻德)은 좋으나, 미인(美人)보다는 다소 남성답고, 억센 배우자를 만나면 필시 해로(偕老)한다고 전해진다. 국가 기관이나 거대 단체에서 기획을 주관하는 핵심 인물이 되거나, 아니면 건달이나 한량이 되는 둘 중 하나의 현상으로 귀결되는 특징이 있다. 여성은 애교만점에 처세가 밝으나, 순종적인 기질은 없는 편이다. 적은 것을 가지고 크게 이루며 살 운명이니 부가(富家) 출신은 결혼해서 고생하게 된다.

神殺 註:

<u>금신(金神)</u>

을축(乙丑), 기사(己巳), 계유(癸酉)일이 금신에 해당되며, 불굴의 의지와 초지일관(初志一貫)을 암시하는 성분으로 일시(日時)에 겹치면 사법관으로 출세하거나 무관으로 장성의 지위에 오른다.

<u>효신살(梟神殺)</u>

갑자(甲子), 을해(乙亥), 병인(丙寅), 정묘(丁卯), 무오(戊午), 기사(己巳), 경진(庚辰), 경술(庚戌), 신미(辛未), 신축(辛丑), 임신(壬申), 계유(癸酉) 이렇게 12가지의 일주를 타고난 삶은 효신살에 해당되는

데, 이 살의 작용은 일찍 생모(生母)와 이별하거나 어머니가 인연이 없거나 아니면 모처(母妻)가 상호 불화하는 육신의 의미를 지닌다. 효조(梟鳥)란 올빼미를 가리키는데 자라서는 어미 새를 잡아먹는다는 흉한 습성을 가진 새로서 집안에 올빼미나 부엉이의 그림이라든가 박제 등을 두지 않는 것이 좋다고 한다.

뇌공타뇌관(雷公打腦關)

벼락, 전기 등으로 인한 사고의 위험을 내포한다.

필살기(必殺技)

1. "산사(山寺)의 계곡(溪谷)" 형상이라, 고적함을 느끼고, 이상적인 생각을 많이 한다.
2. 혼전(婚前)에 아름다운 인연이 있었으나 맺지 못하고, 몹시 괴로워한 일이 있다.
3. 검봉금(劍鋒金)은 자궁(子宮)의 질환으로 남아(男兒)를 두기가 어렵다.

타이밍(timing)

☞ 吉日時는 거래, 매매, 합의, 투자에 적합한 시간대로 활용하고, 凶日時는 투자나 매매 행위 일체는 피하고 가급적 휴식함이 좋지만, 원거리 이동, 운동, 노동 등의 힘의 소모로 대처함이 좋다.

☞ 甲辰, 乙巳, 丙申, 丁亥, 戊戌, 己丑, 庚辰, 辛巳, 壬申, 癸亥日은 십악대패일(十惡大敗日)로 택일 상 적합치 않은 일진이다.

吉日 : 丑日, 巳日

吉時 : 19시 30분에서 21시 30분 사이

凶日 : 卯日, 亥日

凶時 : 05시 30분에서 07시 30분 사이

결혼, 이사, 개업 擇日 : 甲寅일, 丙寅일, 戊寅일, 壬寅일

질병(疾病)

癸酉 일주는 우선 신장과 심장을 조심해야 한다. 그 외 방광, 중풍, 당뇨, 비뇨기 계통의 질환에 노출될 우려가 있으며, 나이가 들면서 시력이 떨어지고, 치아가 부실해지기 쉬우며 잘 놀라는 일이 많다.

癸: 신장(腎臟), 발

酉: 소장(小腸), 정랑, 난소(卵巢), 코, 인후(목구멍), 폐(肺)

직업(職業)

법정계, 교육계, 기획 파트에서 뛰어남을 과시하는 편이지만 기대만큼 결실이 따르지 않는 편이다. 실업가의 유형은 아니지

만, 문화, IT(정보), 의약, 의류 계통이라면 적합하고, 디자이너, 이·미용사, 재단사, 양조업 등에서도 종종 발견된다.

11 甲戌(辛9 丁3 戊18)

養 철쇄개금(鐵鎖開金) 현침(懸針)

甲辰 일주가 투기적인 사업을 일으키고, 문서의 차익을 노린다면, 甲戌은 보다 보편적인 실업의 형태로 보아야 한다. 상관(傷官) 丁火의 화개지(華蓋地) 배속(配屬)은 종교와 신심(信心)이 깊음을 암시하고 辛金 정관(正官)의 파극(破剋)은 관액(官厄)을 예고한다. 이익이 되면 불의(不義)와도 타협할 수 있는 속성을 내포하고 있다. 타인을 원망하고 언중유골(言中有骨)을 보게 된다. 활인(活人)으로 액(厄)을 면하기 쉬운데 천의(天醫)라, 의약계(醫藥界)와 인연이 많다.

"독산고목(禿山枯木)의 상"은 자신이 왕이니 지도자의 상으로 이재능력(理財能力)은 뛰어나고 일확천금(一攫千金)의 운기가 감돌지만 고독감은 떨치기 어렵다. 독단(獨斷)으로 일을 처리하는 피해 입는 경우가 많으니 수양(修養)이 필요하다. 성실하고 할 일을 미루지 않는다. 형(刑)이 들면 처궁(妻宮)에 신병(身病)이

들거나, 개종(改宗)하기도 한다. 사업을 크게 일으켜 비범한 성취를 보기도 하며 실패할 경우에는 야반도주(夜半逃走)키도 하는 것이다.

女命의 '자좌관고(自坐官庫)'로 남자를 우습게 여기는 여장부(女丈夫)의 기상이 드러나고 이성을 보는 눈이 높은 페미니스트로 실제 남편은 기대 이하로 나타난다. 甲午, 甲戌 일주는 다소 과장하는 경향이 있다. 수단이 능하고 타인에게 호감을 주지만 계(契)는 하지 말라고 했다. 유산, 낙태 등의 산액(産厄)이 두렵고, 피부 트러블이나 위장병을 얻을 우려가 있다. 남편의 덕을 보기는 어렵고 남편에게 잘 하기도 하면서 무시하기도 하는 복잡한 성향을 보인다.

神殺 註:

철쇄개금(鐵鎖開金)

활인(活人)이나 의약계에 인연이 많다. 타인을 위해 적덕(積德)을 많이 쌓지 않으면 본인이나 배우자의 신체에 액을 당할 우려가 있다.

현침살(懸針殺)

甲, 申, 卯, 午, 辛 이 다섯 자를 현침(懸針)이라 한다. 의약업계, 군인, 양복점 등 의류제조업으로 성공하며 가사, 이·미용에도 솜씨를 발휘한다. 흉한 작용으로는 몸을 잘 다치고 심하면 총에 맞거나 칼에 찔려 죽고 교통사고도 당한다. 時에 현침이 겹치면 그 작용력이 무척 강하다.

<u>관식동림(官食同臨)</u>

여명(女命)의 식상고(食傷庫)는 첫 아이를 난산(難産)하거나 양육하는데 어려움을 겪음을 암시하고, 혹은 타자양육(他子養育)을 하게 되는 수도 있다. 관식동림은 혼전임신(婚前姙娠)을 경험하게 되는 요인이 된다.

필살기(必殺技)

1. 남자는 자식 문제, 여자는 남편 문제로 고민을 갖게 되는 일주다.
2. 처(妻)의 질병이나 신앙 문제로 신경 쓰게 되고, 장모(丈母)를 봉양한다.
3. 여명(女命)은 본인이 벌어 남편을 먹여 살리며, 혼전에 임신하는 일이 많다.

타이밍(timing)

☞ 吉日時는 거래, 매매, 합의, 투자에 적합한 시간대로 활용하고, 凶日時는 투자나 매매 행위 일체는 피하고 가급적 휴식함이 좋지만, 원거리 이동, 운동, 노동 등의 힘의 소모로 대처함

이 좋다.

☞ 甲辰, 乙巳, 丙申, 丁亥, 戊戌, 己丑, 庚辰, 辛巳, 壬申, 癸亥 日은 십악대패일(十惡大敗日)로 택일 상 적합치 않은 일진이다.

吉日 : 午日, 戌日

吉時 : 13시 30분에서 15시 30분 사이

凶日 : 辰日, 申日

凶時 : 07시 30분에서 09시 30분 사이

결혼, 이사, 개업 擇日 : 甲寅일, 丙寅일, 戊寅일, 己卯일, 辛卯일, 壬寅일, 癸卯일

질병(疾病)

甲戌 일주는 간, 담, 시력, 두통, 위장에 병이 온다. 철쇄개금(鐵鎖開金)은 활인(活人)을 해야만 액(厄)을 면한다. "목이 탄 형상"으로 인후병(咽喉病)을 얻을 수 있다.

甲: 쓸개, 머리, 수염, 머리카락

戌: 명문(命門), 복숭아 뼈, 자궁, 폐(肺)

직업(職業)

일지(日支) 학마(學魔)로 실력만큼 학업적인 진로가 잘 열리지

않으나, 이재(理財)에는 밝아 재정 계통이면 출세가 빠르다. 천문(天門), 천예(天藝)는 활인(活人) 계통의 의약계, 종교인, 역술인, 법조계 등의 진로를 암시하는 바가 있다.

12 乙亥(戊7 甲7 壬16)

死 효신(梟神) 곡각(曲脚)

외유내강(外柔內剛)형으로 일지(日支) 천문(天門)은 학문과 풍류를 즐기는 사람을 의미한다. 역마(驛馬)는 고향 떠나 객지 생활을 하며 해외(海外)와도 인연이 있고, 다소 고독한 생활에 늘 분주하게 됨을 암시한다. 이민(移民)을 가는 경우도 종종 있다. 한편 "물 위에 뜬 나무 조각"의 형상이니 자칫하면 방향을 잃고 이리저리 헤맬 수 있다. 까닭에 일정한 원칙이나 주관이 없이 흔들리면 곤란하다. 재복(財福)은 부족한 편이다.

甲木 겁재(劫財)와 壬水 편인(偏印)이 주도하는 일지의 성분은 지적이고 고상한 캐릭터에 천문성(天門星)이 들어 학문과 예술을 즐기며 독창성과 창작력을 겸비한다. 사물에 대해 예민하고 머리에 번득이는 신묘한 생각이 있다. 늦게라도 학교는 졸업한다. 음악보다 밥을 우선하는 유형으로 늘씬한 신체 구조를 지닌 이들이 많다. 한 곳에서 안주하지 못하므로 내 집 마련이 쉽지 않고,

처(妻)도 사회활동을 하는 경우가 많으며 부부궁(夫婦宮)은 좋은 편이다. 때로 이복형제(異腹兄弟)가 있기도 한데, 형제의 우애가 좋은 편으로 문제가 없다.

여성은 총명하고 다정다감하며 활동성이 강하나, 썩 유능한 편은 아니다. 겉으로는 활기가 넘치지만 속으로는 근심이 있고, 비밀도 많다. 공부를 많이 할수록 눈이 높아져 결혼이 쉽지 않다. 남편이 나이 차가 꽤 나는 경우가 많으며 오히려 그것이 가하다. 모친봉양(母親奉養)하게 된다. 천라(天羅)와 효신(梟神)이 겹치면 산액(産厄)이 염려되므로 친정에 가서 초산(初産)하지 말라고 했다. 사람이 순하고 정이 많으며, 공방수(空房數)가 따르고, 자녀 문제로 인한 근심이 있다.

神殺 註:

효신살(梟神殺)

갑자(甲子), 을해(乙亥), 병인(丙寅), 정묘(丁卯), 무오(戊午), 기사(己巳), 경진(庚辰), 경술(庚戌), 신미(辛未), 신축(辛丑), 임신(壬申), 계유(癸酉) 이렇게 12가지의 일주를 타고난 삶은 효신살에 해당되는데, 이 살의 작용은 일찍 생모(生母)와 이별하거나 어머니가 인연이 없거나 아니면 모처(母妻)가 상호 불화하는 육신의 의미를 지닌다. 효조(梟鳥)란 올빼미를 가리키는데 자라서는 어미 새를 잡아먹는다는 흉한 습성을 가진 새로서 집안에 올빼미나 부엉이의 그림이라든가 박제 등을 두지 않는 것이 좋다고 한다.

곡각살(曲脚殺)

乙, 己, 巳, 丑 위의 네 자가 명식에 있으면 곡각(曲脚)이라 하는데 이는 사고나 병으로 인하여 수족을 못 쓰거나 절단되는 것을 말한다. 또 신경통 등으로 수족에 이상이 있는 것도 포함된다.

필살기(必殺技)

1. 해외(海外)와 인연이 있고, 외국과 연관된 직업을 갖는다.
2. 처덕(妻德)이 있으므로 똑똑한 여성과 결혼하나, 모처불화(母妻不和)가 흠이다.
3. 백두낭군(白頭郞君)과 인연이 있으며, 아들을 두기 힘들고 떨어져 살게 된다.

타이밍(timing)

☞ 吉日時는 거래, 매매, 합의, 투자에 적합한 시간대로 활용하고, 凶日時는 투자나 매매 행위 일체는 피하고 가급적 휴식함이 좋지만, 원거리 이동, 운동, 노동 등의 힘의 소모로 대처함이 좋다.

☞ 甲辰, 乙巳, 丙申, 丁亥, 戊戌, 己丑, 庚辰, 辛巳, 壬申, 癸亥日은 십악대패일(十惡大敗日)로 택일 상 적합치 않은 일진이

다.

吉日 : 子日, 申日

吉時 : 07시 30분에서 09시 30분 사이

凶日 : 巳日, 酉日

凶時 : 09시 30분에서 11시 30분 사이

결혼, 이사, 개업 擇日 : 甲寅일, 乙卯일, 丙寅일, 戊寅일, 己卯일, 庚寅일, 壬寅일, 癸卯일

질병(疾病)

간담(肝膽), 편도선, 당뇨, 신장, 신경 계통의 질환을 조심해야 하고, 여성은 냉증(冷症)으로 생리불순을 겪는 경우가 종종 있다. 수목(水木) 응결(凝結)로 풍질(風疾)에 노출될 우려가 있으며 몸을 보온(保溫)하는 데 힘쓰는 게 최선이다.

乙: 간(肝), 두발, 음모(陰毛), 손가락, 목덜미

亥: 머리, 고환(睾丸), 항문, 생식기

직업(職業)

의약계나 교육계에서 성공할 수 있고 요식업이나 물장사 계통에서도 많이 발견된다. 외국과 연관된 실업이나 직업도 가하다.

13 丙子(壬10 癸20)

胎 복성귀인(福星貴人) 천록귀인(天祿貴人) 교신성(交神星)
음양차착(陰陽差錯) 음양(陰陽)

일지(日支), 관살혼잡(官殺混雜)의 사정(四正) 글자로 구성되면 매우 현실적이고, 목적을 위해 수단과 방법을 가리지 않는 성향을 보이기 쉽다. 성격 변화가 많은 편으로 기세등등하다가도 금세 수그러들기도 한다. 시작은 좋은데, 결실을 보기 어렵다. 물상(物象)은 "양광(陽光)이 호수를 비추는 격"이니 천성은 인자하고, 맑고 고결한 성품이다. 사상이 건전하고 의관이 단정하므로 공직생활에 적합하다. 또한 "쥐구멍에 볕이 드는 형상"이니 행복이 기약되는 명이다.

남성은 자수(子水), 모태(母胎)에 처궁(妻宮)이 있는 격이니, 결혼이 늦어지거나 다른 문제가 발생할 소지가 있다. 여성은 화려한 장식품이나 보석류를 좋아한다. 적은 것은 아끼지만, 고가의 사치품은 망설이지 않고 구매하는 경우가 종종 있다. 남편은 권력, 공직 계통에 종사하는 경우가 많으며 이상과 자존심이 높은 반면 체념도 빠른 편이다.

神殺 註:

<u>복성귀인(福星貴人)</u>

갑인(甲寅), 을축(乙丑), 병자(丙子), 정유(丁酉), 무신(戊申), 기미(己未), 경오(庚午), 신사(辛巳), 임진(壬辰). 계묘(癸卯)의 간지 조합을 복성귀인이라 하고 수복(壽福)을 뜻하는 길신이므로 일생 동안 복록이 따르는 편이며 부귀장수 한다는 것이다. 복성귀인은 시지(時支)에 있으면 더욱 좋다.

<u>천록귀인(天祿貴人)</u>

병자(丙子), 정해(丁亥), 신사(辛巳) 일이 天祿에 해당되며, 인격이 온후하고 정직하여 많은 사람의 도움과 신뢰를 받으며 일생 행복하다는 길성(吉星)이다.

<u>교신성(交神星)</u>

병자(丙子), 병오(丙午), 신묘(辛卯), 신유(辛酉)일 생은 무슨 일이든 타인과 같이 하지 못한다는 성좌(星座)로 생각은 깊으나 자아심이 강하다. 주변 환경이 마음에 들지 않을 때가 많고 자기 생각과 같지 않다.

음양차착(陰陽差錯)

배우자와 불화하고 사별하며 상부극처(傷夫剋妻)하게 되는 것이니 재취하여도 해로하기 어렵다. 또 음란하고 색난이 따른다. 심하게는 상(喪) 중에 취첩(娶妾)하며 혼인하여도 곧 실패수(被折)가 따른다고 표현하기도 한다. 그 작용력에 있어서 취첩(陽差)은 피절(陰錯)보다 강한 점이 있다.

음양(陰陽)

남녀를 불문하고 음양살을 가지면 용모가 아름다워 이성으로부터 유혹을 많이 받는데 본인도 또한 음란하고 색정(色情)이 강해 일생을 망칠 경우가 있다. 고서에도 남자가 병자(丙子) 일주면 평생동안 많은 미녀와 상대하고 여자는 많은 남자를 품에 안고 도망간다 하였다. 또 남자가 무오(戊午) 일주면 많은 여자를 거느리고 함께 사랑하며 같은 집에 산다 하였고, 여자가 무오(戊午) 일주면 미남을 남편으로 얻고 뭇 남자들과 음사(淫事)를 즐긴다고 하였다.

필살기(必殺技)

1. 예의가 바르고 명랑하나, 외양내음(外陽內陰)이니 속으로는 수심(愁心)이 가득하다.
2. 처궁(妻宮)이 불리하여 처가 가정적이지 못하니 악처(惡妻)거나 해로(偕老)가 염려된다.
3. 음양차착(陰陽差錯)이라, 노랑(老郞), 소실(小室), 연하남과 인

연이 있고, 말년에 좋다.

타이밍(timing)

☞ 吉日時는 거래, 매매, 합의, 투자에 적합한 시간대로 활용하고, 凶日時는 투자나 매매 행위 일체는 피하고 가급적 휴식함이 좋지만, 원거리 이동, 운동, 노동 등의 힘의 소모로 대처함이 좋다.

☞ 甲辰, 乙巳, 丙申, 丁亥, 戊戌, 己丑, 庚辰, 辛巳, 壬申, 癸亥日은 십악대패일(十惡大敗日)로 택일 상 적합치 않은 일진이다.

吉日 : 辰日, 亥日

吉時 : 01시 30분에서 03시 30분 사이

凶日 : 午日, 申日

凶時 : 11시 30분에서 13시 30분 사이

결혼, 이사, 개업 擇日 : 甲寅일, 丙寅일, 戊寅일, 庚寅일

질병(疾病)

고혈압, 심장, 시력 등의 질병을 조심해야 하며, 신기(腎氣)가 약해 조루, 방광, 자궁질환 등에 노출될 우려가 있다.

丙: 소장(小腸), 어깨

子: 방광(膀胱), 음부(陰部), 요도(尿道), 귀(耳)

직업(職業)

공직 생활이 가장 적합하다. 사업을 하면 관청(세금)의 문제로 편치 않은 경우가 많다. 재성(財星)이 존재하면 세관, 세무서, 재경부 산하에 진출하게 되고, 전자, 전기, IT, 컴퓨터 계통 등에서 발견하기 쉬운 유형이다. 교육자나 경찰관 등도 인연이 있는 직업군이다.

14 丁丑(癸9 辛3 己18)

墓 재고귀인(財庫貴人) 음양차착(陰陽差錯) 퇴신(退神) 백호대살(白虎大殺)

본래 천성은 낮에는 “화로(火爐) 속에 담긴 불”이라, 쇠를 녹여 소리를 내는 악기(樂器)나 식기(食器)를 만들 수 있는 예술적인 재능을 함유하며, 밤에는 방안을 밝히는 등잔(燈盞) 불이니 누구에게나 사랑 받고, 존경받기를 바란다. 퇴신(退神)은 인기를 독점하고 싶은 성향이 강함을 암시하고, 질투심과 자존심도 남다르다. 한편 한 번 마음속으로 낙인을 찍은 상대는 다시는 친해지려 하지 않는 결백성이 있고, 때로는 스스로 고독감에 젖어들어 가까운 사람을 원망하고 저주하는 등의 내성을 지닌다.

재고(財庫)라, 한없는 욕심에 원 없이 재물을 희롱해 보기도 한다. ‘한낮의 소’ 형상은 평생 일복이 많음을 암시하므로 놀고먹는 팔자는 못된다. 겉은 평온해도 내면은 갈등과 번뇌가 있으며, 탕화(湯火)라 근실하다가도 때때로 비관하는 경향이 있다. 미적

감각이 뛰어나고, 운세는 상에 속하며 노년으로 갈수록 복록이 두터워진다.

여명은 육영사업(育英事業)이 아니면 타자양육(他子養育)하고, 부군(夫君)이 의사, 종교인, 역학자 등 활인(活人) 계통에 종사하는 경우가 많다. 혼자 똑똑하니 평소에는 인정도 많고 사리가 분명하다가도, 화가 나면 시비를 가리지 못하고, 난폭한 언행이 따르기도 한다. 신앙심이 깊고, 유부남을 만나기 쉽다. 고리대금(高利貸金)이나 일수놀이 등으로 치부하는 경우가 있으며, 돈 욕심도 많고 돈을 잘 쓰기도 한다.

神殺 註:

재고귀인(財庫貴人)

갑진(甲辰), 병술(丙戌), 정축(丁丑), 무술(戊戌), 기축(己丑), 신미(辛未), 임술(壬戌) 일은 지지(地支)에 재성(財星)의 창고를 두어 재물을 많이 모아 부자(富者)가 된다는 길신(吉神)으로 분류한다. 재고귀인에는 조후(調喉)의 개념이 용해되어 있다.

퇴신(退神)

정축(丁丑), 정미(丁未), 임진(壬辰), 임술(壬戌) 일이 퇴신으로 가치관이 일반인과는 다소 다르며, 타인들에게 두드러져 보이려는 성격을 지닌다. 속단하여 실행한 일로 뒤늦게 후회하기도 한다.

음양차착(陰陽差錯)

배우자와 不和하고 사별하며 상부극처(傷夫剋妻)하게 되는 것이니 재취하여도 해로하기 어렵다. 또 음란하고 색난이 따른다. 심하게는 상(喪) 중에 취첩(娶妾)하며 혼인하여도 곧 실패수(被折)가 따른다고 표현하기도 한다. 그 작용력에 있어서 취첩(陽差)은 피절(陰錯)보다 강한 점이 있다.

백호대살(白虎大殺)

갑진(甲辰), 을미(乙未), 병술(丙戌), 정축(丁丑), 무진(戊辰), 임술(壬戌), 계축(癸丑)의 일곱 개의 조합을 白虎라 하고 이는 기문학(奇門學)의 구성반(九星盤)에 중궁수(中宮數)이므로 명식 중에 이 살이 있으면 해당 육친의 혈광지사(血光之死)와 한을 품은 죽음을 겪는 흉포한 살성이라 할 수 있다. 일주에 있으면 괴강과 같이 성정이 강하고 과격성을 드러낼 수 있어도 남들의 부러움을 사는 기이한 발복이 있을 것이다.

필살기(必殺技)

1. 식신화개(食神華蓋)에 辛金의 재단은 의상감각이나 음식솜씨가 뛰어남을 의미한다.
2. 식재(食財)와 재관(財官)의 동림(同臨)은 장모봉양과 총각득자(總角得子)를 암시한다.
3. 여명(女命)은 관파백호(官破白虎)로 남편을 무서워하지 않고,

생리사별을 겪게 된다.

타이밍(timing)

☞ 吉日時는 거래, 매매, 합의, 투자에 적합한 시간대로 활용하고, 凶日時는 투자나 매매 행위 일체는 피하고 가급적 휴식함이 좋지만, 원거리 이동, 운동, 노동 등의 힘의 소모로 대처함이 좋다.

☞ 甲辰, 乙巳, 丙申, 丁亥, 戊戌, 己丑, 庚辰, 辛巳, 壬申, 癸亥日은 십악대패일(十惡大敗日)로 택일 상 적합치 않은 일진이다.

吉日 : 酉日, 亥日

吉時 : 19시 30분에서 21시 30분 사이

凶日 : 未日, 申日

凶時 : 13시 30분에서 15시 30분 사이

결혼, 이사, 개업 擇日 : 甲寅일, 丙寅일, 丁卯일, 戊寅일, 己卯일, 庚寅일, 壬寅일

질병(疾病)

丁丑 일주는 심장, 중풍, 대장 등의 질병을 조심해야 하며, 여자의 경우 생리통, 빈혈 등을 앓을 수 있고 백호, 탕화의 영향으

로 사고, 수술수를 겪을 우려가 있으며 지나친 신경쇠약으로 간혹 음독(飮毒)이 염려되기도 한다. 놀라기 쉽다.

丁: 심장(心腸)

丑: 위(胃), 비장(脾臟), 좌측다리

직업(職業)

남명(男命)의 영웅백호(英雄白虎)는 과격, 혁명적인 기질과 정보, 수사 계통에 종사하는 경우가 많음을 의미한다. 재고(財庫)로 은행 등 금융기관 종사자도 더러 있다. 백호(白虎)는 특수한 기술성이므로 보석세공업, 화공계 등의 특수기술직에 종사하기도 한다.

15 戊寅(戊7 丙7 甲16)

生 학당귀인(學堂貴人) 복신(伏神) 음양차착(陰陽差錯)

"산에서 내려온 호랑이"의 상의(象意)로 자신의 힘을 믿고 과시하는 경향이 짙고, 그로 인한 화(禍)를 암시하기도 한다. 중용(中庸)의 도를 잃고 쟁론이 잦아지면 불리해진다. 활동적이고 욕심이 많은 사람으로 개척정신이 강하다. 외국에도 출입하게 되고, 관록(官祿)을 발하며 만인(萬人)의 두령이 되어 지도한다. 자의(字意)로 보면 자신을 은폐하려는 심리가 강해, 가족들에게도 내심을 보이지 않고, 약점을 위장하는 성향이 있다.

담력은 있지만, 마음은 약하여 용맹스러운 외견에 비해 내면이 의외로 소심하고, 겁이 많아 큰일을 감당하지 못하고 물러서는 경우도 있다. 대체로 신상에 변동, 변화가 심한 편으로 외국에 출입하는 일이 많다. 寅木 생궁(生宮)에 충(沖)이 발생하면 지진이 일어난다고 해서 흉하게 보는데, 탕화(湯火)를 놓아 때론 비관한다. 혹 음독(飮毒)하거나, 수족부상, 교통사고, 가스사고 등의 화재(火災)를 겪기도 하는데 丙火로 인해 최악의 경우는 면하게 된다.

여성은 남성과 같이 활동하는 이들이 많은데 학당귀인(學堂貴人)으로 공직, 교육계에 많이 분포된다. 남편도 공직생활이나 교육자, 사업가일 경우가 많다. 재살(財殺)이 많거나, 관살혼잡(官殺混雜)되면 이성의 배신과 구타로 인해 고통으로 인해 잦은 만남과 이별을 겪는다.

神殺 註:

<u>학당귀인(學堂貴人)</u>

학당귀인은 일간(日干)의 장생궁으로 학문을 즐겨하고 문장이 수려하며 학자나 교육자로 진로를 정하면 길하다.

<u>칠살(七殺)</u>

갑신(甲申), 무인(戊寅), 임진(壬辰), 임술(壬戌), 계축(癸丑), 계미(癸未) 일은 칠살(七殺)에 좌(坐)하여 암합(暗合)의 기운이 없으므로 충돌, 언쟁, 관재, 구설, 수술, 고립 등의 상황에 처하기 쉬우며 교통사고나 부부간 다툼이나 냉전, 이별의 기운이 강한 편이다.

<u>복신(伏神)</u>

무인(戊寅), 계사(癸巳), 무신(戊申), 계해(癸亥) 일이 복신으로 이는

매사가 지연, 정체된다는 암시가 있다.

<u>음양차착(陰陽差錯)</u>

배우자와 不和하고 사별하며 상부극처(傷夫剋妻)하게 되는 것이니 재취하여도 해로하기 어렵다. 또 음란하고 색난이 따른다. 심하게는 상(喪) 중에 취첩(娶妾)하며 혼인하여도 곧 실패수(被折)가 따른다고 표현하기도 한다. 그 작용력에 있어서 취첩(陽差)는 피절(陰錯)보다 강한 점이 있다.

☞ 병오(丙午), 병자(丙子), 임진(壬辰), 임술(壬戌), 무신(戊申), 무인(戊寅)은 양착살에 해당되고, 신묘(辛卯), 신유(辛酉), 정미(丁未), 정축(丁丑), 계사(癸巳), 계해(癸亥)는 음차살에 해당되는데, 일주에 해당되면 외삼촌이 고독하거나 외가가 몰락할 조짐이 있으며, 만약 이 살이 시(時)에 있으면 처남이 고독하고 처가(妻家)의 덕이 없고 혹은 처가가 망한다고 하였다.

필살기(必殺技)

1. 배우자의 성격이 까다롭고, 의견충돌이 따르며 공방수(空房數)를 겪게 된다.
2. 남명(男命)은 출중한 자식을 보게 되고, 다남(多男)하는 경우가 많다.
3. 여성은 동정결혼이나 강제결혼 등을 겪게 되며, 신약(身弱)하면 인부신음(因夫呻吟)한다.

타이밍(timing)

☞ 吉日時는 거래, 매매, 합의, 투자에 적합한 시간대로 활용하고, 凶日時는 투자나 매매 행위 일체는 피하고 가급적 휴식함이 좋지만, 원거리 이동, 운동, 노동 등의 힘의 소모로 대처함이 좋다.

☞ 甲辰, 乙巳, 丙申, 丁亥, 戊戌, 己丑, 庚辰, 辛巳, 壬申, 癸亥日은 십악대패일(十惡大敗日)로 택일 상 적합치 않은 일진이다.

吉日 : 丑日, 未日

吉時 : 13시 30분에서 15시 30분 사이

凶日 : 申日, 酉日

凶時 : 15시 30분에서 17시 30분 사이

결혼, 이사, 개업 擇日 : 丙寅일, 丁卯일, 戊寅일, 己卯일, 庚寅일, 壬寅일, 癸卯일

질병(疾病)

위산과다(胃酸過多) 등 비위(脾胃), 신장(腎臟) 계통의 질환에 신경을 써야한다. 간암, 중풍, 신경통, 수족부상 등에 유의해야 한다.

戊: 위(胃), 갈비

寅: 쓸개, 손, 머리카락

직업(職業)

사업보다는 직장이 우선이다. 관록(官祿)을 발하는 경우가 많다, 사업은 무역, 건축업, 부동산 등에서 대성할 수 있고, 공무원, 법관, 정계, 의사, 교육가, 특수기술직 등에서 자주 볼 수 있는 일주 유형이다.

16 己卯(甲10 乙20)

病 진신(進神) 구추방해(九醜妨害) 단장관(斷腸關) 곡각살(曲脚殺)

"들판의 토끼" 형상은 남달리 예민하고 타인과 융화하기 힘든 면과, 진신(進神)은 남에게 지배당하기 싫어하는 기질을 의미하니 자기가 하고 싶은 일을 하는 게 마땅하다. 자상하고 꼼꼼한 면모로 세밀한 성격을 요하는 기술이나 기예에는 뛰어나다. 일지(日支) 편관(偏官)은 자존심과 명예욕이 강하며 의협심(義俠心)이 있음을 뜻한다. 곡각(曲脚)과 현침(懸針)이 겹치면 항상 타인을 위해 적덕(積德)을 쌓아야만 신액(身厄)을 면한다. 수양을 많이 하고 나면 권력계통이나 역술, 의술 등으로 만인(萬人)을 구제(救濟)하는 명이 된다.

己卯 일주는 한 마디로 상격(上格)은 권력기관이나 의약계에서 대성하나, 하격(下格)은 건달, 깡패로 법보다 주먹이 가까운 사람이 된다. 후자에 속하면 그 처(妻)가 구타 등의 횡액을 겪게 된다. 이성 관계도 복잡하고, 화려함을 즐기며 여성을 잘 이용하는

편이다. 군인, 경찰, 법관, 의사, 교사 등으로 진출하지 않으면 건달이 된다. 처궁(妻宮)이 불미(不美)하여 병약(病弱)한 처를 두거나 잃기 쉬우며, 재왕(財旺)하면 오히려 가권(家權)이 처에게 있으므로 공처가가 되거나, 악처(惡妻)로 인해 고생하게 된다.

여성은 일견 약한 듯하지만 끈질기고 괴팍한 면이 있다. 배우자와는 이별하기 쉽고, 정부(情夫)를 두기도 한다. 의사나 간호사, 교육자, 예능계로 진출하면 무난한 행복지부(幸福之婦)가 되나, 가출(家出)이나 흉포한 성정의 남편을 두게 되는 경우도 적지 않다. 남편의 배신으로 인해 末年 등에 이혼하기 쉽고, 유랑(幼郞)과 인연이 되기도 한다. 고서에 이르길, 三, 八 木이라, 여덟 살의 나이 차가 나는 배우자에 세 번 시집가는 팔자라 하였다.

神殺 註:

<u>진신(進神)</u>

갑자(甲子), 기묘(己卯), 갑오(甲午), 기유(己酉) 일로 육십갑자의 15位 간격 순으로 구성된다. 이는 자신이 하고 싶은 일을 골라하니 즐겁다는 길성(吉星)으로 냉철하며 문장력이 뛰어나다. 혹 관재수가 동하기도 한다.

구추방해(九醜妨害)

임자(壬子), 임오(壬午), 무자(戊子), 무오(戊午), 기묘(己卯), 기유(己酉), 을묘(乙卯), 을유(乙酉), 신묘(辛卯), 신유(辛酉) 일 생으로 이성간의 혼탁상이 예견된다. 잦은 연애사로 가정풍파를 암시하는 성분이다. 이상의 간지가 시주에 있으면 그 자녀가 같은 성향을 보이게 된다.

단장관(斷腸關)

갑오(甲午), 을미(乙未), 병진(丙辰), 정사(丁巳), 기묘(己卯), 경인(庚寅), 계축(癸丑) 일로 대장(大腸)이나 소장(小腸) 계의 질환으로 고생할 암시가 있다는 조합이다.

곡각살(曲脚殺)

乙, 己, 巳, 丑 위의 네 자가 명식에 있으면 곡각(曲脚)이라 하는데 이는 사고나 병으로 인하여 수족을 못 쓰거나 절단되는 것을 말한다. 또 신경통 등으로 수족에 이상이 있는 것도 포함된다.

필살기(必殺技)

1. 문곡(文曲) 칠살(七殺)이 겹치면 두뇌명석하고 안하무인(眼下無人)의 기질을 내포한다.
2. 부부갈등이 문제로 본인의 가출이나 처(妻)가 아프거나, 다치는 일을 겪기 쉽다.

3. 곤명(坤命)은 정부(情夫)를 두거나 가정을 이탈하기 쉬우며 자손도 박덕(薄德)한 편.

타이밍(timing)

☞ 吉日時는 거래, 매매, 합의, 투자에 적합한 시간대로 활용하고, 凶日時는 투자나 매매 행위 일체는 피하고 가급적 휴식함이 좋지만, 원거리 이동, 운동, 노동 등의 힘의 소모로 대처함이 좋다.

☞ 甲辰, 乙巳, 丙申, 丁亥, 戊戌, 己丑, 庚辰, 辛巳, 壬申, 癸亥日은 십악대패일(十惡大敗日)로 택일 상 적합치 않은 일진이다.

吉日 : 子日, 未日

吉時 : 07시 30분에서 09시 30분 사이

凶日 : 酉日, 申日

凶時 : 17시 30분에서 19시 30분 사이

결혼, 이사, 개업 擇日 : 甲寅일, 丙寅일, 丁卯일, 戊寅일, 己卯일, 辛卯일, 癸卯일

질병(疾病)

비위(脾胃)가 약해 시시로 복통이 인다. "간이 허약하여 위장

에 병이 드는 형상"이다. 소화능력도 약하므로 소식(小食)해야 좋다. 인내심과 지구력이 약한 게 흠이다.

己: 비장(脾臟), 배

卯: 간(肝), 좌측갈비, 손가락

직업(職業)

의사, 약사, 교육자, 법관, 무관 등으로 진출하고 체신, 산림청 등에 근무하는 경우가 많다. 또는 프리랜서로 활동하는 부류도 적지 않은데, 가급적 사업은 하지 않는 게 좋다.

17 庚辰(乙9 癸3 戊18)

養 일덕(日德) 괴강(魁罡) 십악대패(十惡大敗) 유하살(流霞殺) 효신(梟神)

신의(信義)가 깊고, 사물의 처리가 빠르며 그 포부(抱負)가 원대하여 한 번 세운 계획은 끝장을 내고 마는 성정(性情)을 지니고 있다. 매사에 자신이 있고, 통솔력이 좋으며 신앙(信仰)에 독실하고, 시사보덕(施思布德)하며 살아야 한다. 괴강(魁罡)은 극과 극을 의미하기도 하니 신상에 급격한 변동을 야기하는 요인이 되기도 한다. 운이 강하면 권력이든 사업이든 크게 되고 대발전하지만, 운이 하강하면 걷잡을 수 없이 내리막을 타기도 하는 것이다. 한 마디로 속성속패(速成速敗)란 얘기다.

눈치와 재치가 비상하고, 일면 이기적인 성분도 함유하여 이해타산적(利害打算的)이기 쉽다. 자신이 권력을 갖지 못하면 관재구설이 많이 따르기도 한다. 한 번 좌절되면 다시는 그 일을 돌아보지 않는 결단성이 있다. 식상국(食傷局)을 이루면 의처(疑妻)

의 성향을 보이기도 한다.

곤명(坤命)은 여장부(女丈夫)의 전형으로 총명하며 활동적인데, 남성과 대등하게 사회생활을 하게 되는 일이 많다. 남편이 권력계통이나 의사, 기술자로 종사할 경우가 많고, 본인이 군경(軍警)계로 진출하기도 한다. 남편이나 자식의 덕을 기대하기 어려우며 생사이별(生死離別), 불효(不孝) 등을 겪는 아픔이 따른다. 재물복은 있어 부자가 되나, 한 번 꺾이면 재기불능(再起不能)이 되는 수가 있다. 용(龍)의 여성은 똑똑한 사람과는 살기 어려운 법이다.

神殺 註:

일덕(日德)

일덕은 성격이 착하고 자비(慈悲)스러우며 복록(祿)이 풍후(豊厚)하다. 甲에 寅이 좌록(坐祿)이 되며 丙은 진중(辰中)의 계수(癸水)가 관성의 창고, 戊의 辰은 재성의 창고, 경(庚)의 辰은 재성과 인성이 같이 있다. 壬의 戌은 재, 살, 인이 모두 있다.

괴강(魁罡)

경진(庚辰)일, 임진(壬辰)일, 무술(戊戌)일, 경술(庚戌)일을 두고 괴강이라 한다. 辰은 천강(天罡), 戌은 하괴(河魁)가 되어 음양 절멸(絶滅)의 땅이다. 경(經)에 이르길 괴강격은 무리 중에서 남보다 뛰어나며 발복(發福)이 빠르다고 했다. 사람이 총명(聰明)하고 문장력이 있으며, 일에 임(臨)하여 과단성이 있고 권세를 지향하는 속성이 강하다. 여자는 대개 그 용색(容色)은 아름다우나 고집이 센 편으로 남편과 참다운 화합을 하기 어렵고 이혼하거나 병으로 신음하는 수가 있다.

<u>십악대패(十惡大敗)</u>

十惡大敗日이란 유시무종(有始無終)하고 낭비가 심하고 불운을 만나면 가산을 탕진하여 대패한다는 암시가 있다. 이는 엄밀히 년간과 일간이 편관의 작용을 하고, 년지와 일지가 상충하는 조합으로 구성된다.

<u>유하살(流霞殺)</u>

경진(庚辰)과 신묘(辛卯) 일주가 해당되며 남자는 타향에서 객사(客死)하고 여자는 산후 사망할 위험이 있다는 것이다. 평생 모은 재산이 안개처럼 흩어져 버리는 아픔이 있기도 하고, 중풍(中風)이 유전되기도 한다고 전해진다.

필살기(必殺技)

1. 별 두개의 두령격(頭領格), 겉으로는 냉엄하나, 속은 온화하고 한 번 사귀면 변함이 없다.
2. 자수성가(自手成家)에 처덕(妻德)은 두터우나, 항시 이성 관계가 복잡한 경향이 있다.

3. 여성은 가정을 이끌고, 남편에게 봉사해야 하며 자식으로 인한 비애(悲哀)가 있다.

타이밍(timing)

☞ 吉日時는 거래, 매매, 합의, 투자에 적합한 시간대로 활용하고, 凶日時는 투자나 매매 행위 일체는 피하고 가급적 휴식함이 좋지만, 원거리 이동, 운동, 노동 등의 힘의 소모로 대처함이 좋다.

☞ 甲辰, 乙巳, 丙申, 丁亥, 戊戌, 己丑, 庚辰, 辛巳, 壬申, 癸亥日은 십악대패일(十惡大敗日)로 택일 상 적합치 않은 일진이다.

吉日 : 丑日, 未日

吉時 : 01시 30분에서 03시 30분 사이

凶日 : 戌日, 申日

凶時 : 19시 30분에서 21시 30분 사이

결혼, 이사, 개업 擇日 : 丁亥일, 乙卯일, 丁卯일, 己卯일, 庚寅일

질병(疾病)

庚辰 일주는 풍습(風濕)을 조심해야 하므로 중풍이 염려된다.

폐(肺)나 대장(大腸)에 병이 불치(不治)의 병이 될 소지가 강하니 주의할 일이다.

庚: 대장(大腸), 배꼽

辰: 가슴, 피부(皮膚), 좌측어깨

직업(職業)

군인, 경찰 등 권력 계통에 종사하거나, 의약 계통에 포진된 경우가 많다. 기술 계통이나 요식업(料食業) 종사자도 적지 않다. 여성은 물과 깊은 인연으로 미장원이나 요식업 계통에서 종종 볼 수 있다. 경금(庚金) 일주는 토금(土金)의 기운이 강해 몸과 마음이 다소 불안하기 쉬운데, 정화(丁火)의 제련이 필요하다.

18 辛巳(戊7 庚7 丙16)

死 복성귀인(福星貴人) 천록귀인(天祿貴人) 십악대패(十惡大敗)
의처의부(疑妻疑夫)

순간적으로 노출되는 강기(剛氣)와 냉정한 내면은 가까운 이들로부터 거부되므로 빈번히 장애가 될 수 있다. 천성은 담력이 강해 무서운 게 없고, 다정다감하다. 겉으로는 고집이 있어 보이지만, 실제로는 상당히 여린 구석이 있다. 이는 "금이 불에 녹아 물로 변하는 형상"이기 때문이다. 남녀 공히 이성의 유혹에 빠지기 쉬우며, 어느 곳에서건 주위의 이목을 집중시키고, 리더가 되려는 심리가 있다. 이사가 많고 해외와도 인연이 있다.

명식에 辰, 丑, 己土의 습토(濕土)를 보아야만 천복(天福)의 속성이 발현되며, 예절에 밝고 인품이 준수해진다. 신약(身弱)에 조토(燥土)의 생을 받으면 말이 많고, 까다로우며 신경질적이고 경박해질 우려가 있다. 장간(藏干)의 구조는 관인상생(官印相生)으로 현모양처에 내조가 훌륭한 부인을 만나게 되는데, 그 처의 기질이 강하여 종종 다른 여성을 찾는 경우가 많다. 혹은 처의 가출로 고민하는 수가 있다.

여성은 남편의 사랑을 받지만, 자신이 잘나서 그렇다는 생각에 치우치는 경향이 다소 있다. 대부분은 남편의 덕이 있다고 하지만 속정이 없는 경우가 많고 본인이 사회활동을 하는 이가 많다. 항시 이성이 따르는 형상이니 흑백(黑白)을 분명히 하는 처신을 하고, 가급적 외출은 삼가는 게 좋다. 자식보다는 사랑을 위주로 하는 유형으로 외유(外遊)가 잦은 편이고, 중년 이후 조용하게 외도하기 쉽다.

神殺 註:

<u>복성귀인(福星貴人)</u>

갑인(甲寅), 을축(乙丑), 병자(丙子), 정유(丁酉), 무신(戊申), 기미(己未), 경오(庚午), 신사(辛巳), 임진(壬辰). 계묘(癸卯)의 간지 조합을 복성귀인이라 하고 수복(壽福)을 뜻하는 길신이므로 일생 동안 복록이 따르는 편이며 부귀장수 한다는 것이다. 복성귀인은 시지(時支)에 있으면 더욱 좋다.

<u>천록귀인(天祿貴人)</u>

병자(丙子), 정해(丁亥), 신사(辛巳) 일이 天祿에 해당되며, 인격이 온후하고 정직하여 많은 사람의 도움과 신뢰를 받으며 일생 행복

하다는 길성(吉星)이다.

<u>의처의부(疑妻疑夫)</u>

갑오(甲午), 병술(丙戌), 무진(戊辰), 경진(庚辰), 임술(壬戌) 일주의 남자와 을사(乙巳), 정해(丁亥), 기해(己亥), 신사(辛巳), 계해(癸亥) 일주의 여자는 배우자에게 집착하는 경향이 있다. 내심 배우자의 이성 관계를 의심하기도 한다.

<u>십악대패(十惡大敗)</u>

十惡大敗日이란 유시무종(有始無終)하고 낭비가 심하고 불운을 만나면 가산탕진하여 대패한다는 암시가 있다. 이는 엄밀히 년간과 일간이 편관의 작용을 하고, 년지와 일지가 상충하는 조합으로 구성된다. 庚戌年의 甲辰日, 辛亥年의 乙巳日, 丙申年의 壬寅日, 癸巳年의 丁亥日, 戊寅年의 甲申日, 甲辰年의 戊戌日, 乙未年의 己丑日, 丙寅年의 壬申日, 甲戌年의 庚辰日, 乙亥年의 辛巳日 등이 해당된다.

필살기(必殺技)

1. '백사(白蛇)'는 자신을 감추고, 타인의 비밀을 알고자 하는 심리가 작용함을 암시한다.
2. 사상이 건전하고, 예리한 성품이나 권력 계통에 종사하지 않으면 관재(官災)가 따른다.
3. 명암부집(明暗夫集)되면 애를 낳고 살다가도, 정통도주(情通逃

走)할 수 있다.

타이밍(timing)

☞ 吉日時는 거래, 매매, 합의, 투자에 적합한 시간대로 활용하고, 凶日時는 투자나 매매 행위 일체는 피하고 가급적 휴식함이 좋지만, 원거리 이동, 운동, 노동 등의 힘의 소모로 대처함이 좋다.

☞ 甲辰, 乙巳, 丙申, 丁亥, 戊戌, 己丑, 庚辰, 辛巳, 壬申, 癸亥日은 십악대패일(十惡大敗日)로 택일 상 적합치 않은 일진이다.

吉日 : 酉日, 午日

吉時 : 19시 30분에서 21시 30분 사이

凶日 : 亥日, 申日

凶時 : 21시 30분에서 23시 30분 사이

결혼, 이사, 개업 擇日 : 丙寅일, 己卯일, 辛卯일

질병(疾病)

辛巳 일주는 치질, 폐, 기관지, 맹장, 빈혈 등의 문제를 갖기 쉽고, 노년에 해소로 고생할 수 있으므로 건강관리에 신경을 써야한다.

辛: 폐(肺), 다리

巳: 얼굴, 인후(목구멍), 이빨, 항문(肛門)

직업(職業)

의사, 법조인 또는 군경계의 공직생활에 적합하기도 하고, '용광로에서 다듬어진 기물"의 형상이니 대개 기술 계통에 많이 분포한다. 사진관, 영화, 방송촬영, 비행기, 운전, 전자, IT, 컴퓨터, 유리, 안경점, 세공, 용접, 치과기공 계통 등을 들 수 있다.

19 壬午(丙10 己11 丁10)

胎 복성귀인(福星貴人) 록마동향(祿馬同鄕) 비인살(飛刃殺)
구추방해(九醜妨害)

"호수 속에 빛나는 달빛"의 상은 지혜가 비상하고, 다정다감하며 사교성이 있는 한편 비밀스럽고, 능청맞은 기질을 암시한다. 록마동향(祿馬同鄕)으로 일생을 통해 노력 이외의 복록과 행운이 종종 따르는 유형이다. 고집이 있어도 만용을 부리는 일은 없으며, 재성(財星)과 암합(暗合)되어 현실의 이익에 계산이 빠르고 행동이 민첩하므로 견실성을 유지하게 된다.

부부의 인연은 좋은 편으로 이별하는 일이 드물지만, 호색(好色)하는 기질로 인해 간혹 풍파를 겪을 수 있다. 이때는 타주(他柱)에 재성(財星)을 보느냐가 관건이 되는데, 이에 해당하면 유첩지명(有妾之命)이 된다. 하격(下格)으로 심할 경우에는 주색으로 인한 패가망신이나 마약류에 손을 댈 수도 있다고 한다.

여성은 미모로 대중적이며 활발해서 가사보다는 대외적 활동에 주력하는 경향이 있다. 보험이나 화장품 등 현장 세일즈에 나서는 일이 있다. "어둠과 밝음의 충전" 형상은 타고난 애교와 내조로 남편의 사랑을 독차지 하면서도, 한편으로는 남편을 깔보고 뭉개는 기질을 함유하는 것을 암시한다. 외모가 수려하고 풍류가 있는 배우자를 만나게 되는 일이 흔하다. 재물과 남편의 덕이 두터운 편인데, 하격(下格)은 파출부, 목욕탕, 화류계로 진출하는 경우가 많다. 이는 자의(字意)상 물이 부족해 갈증을 야기하는 상이므로 밤이나 물과 인연이 깊은 업종에 종사하는 일이 많다는 의미다.

神殺 註:

복성귀인(福星貴人)

갑인(甲寅), 을축(乙丑), 병자(丙子), 정유(丁酉), 무신(戊申), 기미(己未), 경오(庚午), 신사(辛巳), 임진(壬辰). 계묘(癸卯)의 간지 조합을 복성귀인이라 하고 수복(壽福)을 뜻하는 길신이므로 일생 동안 복록이 따르는 편이며 부귀장수 한다는 것이다. 복성귀인은 시지(時支)에 있으면 더욱 좋다.

록마동향(祿馬同鄕)

정관과 재성이 일지에 암장되어 있는 것을 말하는데, 대체로 인명의 지복을 상징한다.

비인살(飛刃殺)

매사에 집중을 잘 하면서도 실증을 잘 낸다. 지속성이 없고, 변덕을 부리는 편이다. 시작은 있되, 끝이 없고, 성공과 실패가 반복되는 유형이다. 병자(丙子), 정축(丁丑), 무자(戊子), 기축(己丑), 임오(壬午), 계미(癸未) 일주가 이에 해당한다.

☞ 飛刃은 洋刃을 충하는 지지(地支)로 호록지신(護祿之神)으로 보기도 하는데, 주로 예기(藝技)의 성분으로 작용한다.

구추방해(九醜妨害)

임자(壬子), 임오(壬午), 무자(戊子), 무오(戊午), 기묘(己卯), 기유(己酉), 을묘(乙卯), 을유(乙酉), 신묘(辛卯), 신유(辛酉) 일 생으로 이성간의 혼탁상이 예견된다. 잦은 연애사로 가정풍파를 암시하는 성분이다. 이상의 간지가 시주에 있으면 그 자녀가 같은 성향을 보이게 된다.

필살기(必殺技)

1. '흑마(黑馬)'는 심신이 분주한 가운데, 늘 편안함과 안정됨을 희구하는 속성을 암시한다.
2. 부부길연(夫婦吉緣)으로 해로하는 경우가 많고, 총각득자(總角得子)하기 쉽다.
3. 부덕(夫德)이 두터운 편이나, 남편을 쉽게 여기고, 연하의 정부(情夫)를 두기도 한다.

타이밍(timing)

☞ 吉日時는 거래, 매매, 합의, 투자에 적합한 시간대로 활용하고, 凶日時는 투자나 매매 행위 일체는 피하고 가급적 휴식함이 좋지만, 원거리 이동, 운동, 노동 등의 힘의 소모로 대처함이 좋다.

☞ 甲辰, 乙巳, 丙申, 丁亥, 戊戌, 己丑, 庚辰, 辛巳, 壬申, 癸亥日은 십악대패일(十惡大敗日)로 택일 상 적합치 않은 일진이다.

吉日 : 卯日, 巳日

吉時 : 13시 30분에서 15시 30분 사이

凶日 : 子日, 酉日

凶時 : 23시 30분에서 01시 30분 사이

결혼, 이사, 개업 擇日 : 甲寅일, 丙寅일, 丁卯일, 庚寅일, 辛卯일, 壬寅일, 癸卯일

질병(疾病)

壬午 일주는 신장, 방광 등의 장애를 겪을 소지가 있다. 유아기에는 야뇨(夜尿)가 나타나기 쉽고, 여성은 요실금, 치질 등으로 불편을 당할 수 있다.

壬: 방광(膀胱), 경락, 삼초(三焦)

午: 정신, 심장(心腸), 눈

직업(職業)

비밀스런 직업인 수사 계통, 정보원 등에 부합되는 소질을 보이며, 재정 계통의 관료로 출세하기도 한다. 현침(懸針)의 성분은 종교나 활인(活人) 계통의 종사자를 암시하기도 한다. 한편 유흥업이나 요식업, 목욕탕 등에 인연을 두는 경우도 많다.

20 癸未(丁9 乙3 己18)

墓 칠살(七殺) 남연살(男戀殺) 비인살(飛刃殺)

평생에 식록(食祿)은 유족(有足)하고 천역(天驛)이라, 몸은 한가한 듯해도 마음은 늘 분주하다. 대체로 말을 잘 하며, 활동적으로 매사를 자신의 의지대로 이끌어 가려는 자세를 보인다. 식재(食財)가 있으므로 일을 추진하기만 하면 비범한 성취를 볼 수도 있는데, 문제는 칠살(七殺)의 제어로 매사의 시작을 망설이기만 하고 꾸준하게 밀고 나가는 기운이 부족하다는 점에 있다. 그러나 일단 시작만 하면 뒷일은 잘 풀리게 되고 성공한다. 시련은 겪지만 제살(制殺)의 기운으로 좌절하지 않고 잘 이겨낸다.

남명(男命)은 타고난 재주와 야망으로 사회적인 출세를 제일의 가치로 여기는 사람이 적지 않다. 까닭에 출세를 위해 수단과 방법을 가리지 않는 기질이 있다. 상격(上格)은 고관대작(高官大爵)으로 크게 이루지만, 반대의 경우 범법자가 되는 수도 있으며 비밀이 많다. 처궁(妻宮)이 약하여 본처 해로하기가 어려우며 보이지 않는 여자가 항시 따라다니는 격인데 이는 미중(未中) 丁火의 탓이다. 환경에 잘 적응하며 처세가 좋은 편이나 독점력이 강해 고독을 자초(自招)하는 수가 있다. 속단에 경거망동(輕擧妄動)은 금물이고, 학업을 중단할까 염려된다.

여성은 똑똑하고, 인정도 많지만 다정(多情)이 병이 되기도 한다. 물과 인연이 있는 직종에 많이 종사하며, 생전에 남편이나 자식의 덕을 보지 못하는 불우함이 있다. 관(官)이 버거우므로 차라리 공방(空房)이 편할 때가 있다. 신병(身病)으로 고생하기도 하며, 종교나 철학 등에 관심을 두기도 한다. 대개 첩(妾)이나 후처(後妻)가 되기 쉽다. 격(格)이 좋고 운(運)이 따라주지 않으면 未土라, 평생 분주하고 바쁘게 살며 안락한 생활을 기대하기 어렵다. 목고(木庫)로 화초나 약초재배는 맞지 않다고 하였다.

神殺 註:

<u>칠살(七殺)</u>

갑신(甲申), 무인(戊寅), 임진(壬辰), 임술(壬戌), 계축(癸丑), 계미(癸未) 일은 칠살(七殺)에 좌(坐)하여 암합(暗合)의 기운이 없으므로 충돌, 언쟁, 관재, 구설, 수술, 고립 등의 상황에 처하기 쉬우며 교통사고나 부부간 다툼이나 냉전, 이별의 기운이 강한 편이다.

남연살(男戀殺)

갑인(甲寅), 갑신(甲申), 정축(丁丑), 기축(己丑), 무신(戊申), 신미(辛未), 임인(壬寅), 계미(癸未) 일주의 남자는 배우자 몰래 다른 애인을 숨겨 둘 여지가 있으므로 망신을 살 우려가 있다.

비인살(飛刃殺)

매사에 집중을 잘 하면서도 실증을 잘 낸다. 지속성이 없고, 변덕을 부리는 편이다. 시작은 있되, 끝이 없고, 성공과 실패가 반복되는 유형이다. 병자(丙子), 정축(丁丑), 무자(戊子), 기축(己丑), 임오(壬午), 계미(癸未) 일주가 이에 해당한다.

☞ 飛刃은 洋刃을 沖하는 지지(地支)로 호록지신(護祿之神)으로 보기도 하는데, 주로 예기(藝技)의 성분으로 작용한다.

필살기(必殺技)

1. 나름의 특별한 고집이 변덕으로 작용하여 시작한 일이 중단되는 운기(運氣)가 있다.
2. 자녀에 대한 애정은 깊으나 처(妻)에게는 무정한 편, 유부녀(有夫女)와 통정하기도 한다.
3. 잘 낫지 않아 늘 앓으면서 고통을 당하는 병으로 고생할 우려가 있다.

타이밍(timing)

☞ 吉日時는 거래, 매매, 합의, 투자에 적합한 시간대로 활용하고, 凶日時는 투자나 매매 행위 일체는 피하고 가급적 휴식함이 좋지만, 원거리 이동, 운동, 노동 등의 힘의 소모로 대처함이 좋다.

☞ 甲辰, 乙巳, 丙申, 丁亥, 戊戌, 己丑, 庚辰, 辛巳, 壬申, 癸亥日은 십악대패일(十惡大敗日)로 택일 상 적합치 않은 일진이다.

吉日 : 卯日, 巳日

吉時 : 07시 30분에서 09시 30분 사이

凶日 : 丑日, 酉日

凶時 : 01시 30분에서 03시 30분 사이

결혼, 이사, 개업 擇日 : 甲寅일, 乙卯일, 丙寅일, 戊寅일, 壬寅일

질병(疾病)

癸未 일주는 신장, 방광, 당뇨, 자궁 등의 질병을 조심해야 하며, 명치가 자주 아프고 약하니 무리하지 않는 것이 좋다. 소화기 계통의 질환이나, 수술수를 겪게 된다.

癸: 신장(腎臟), 발

未: 위장(胃腸), 명치, 척추

직업(職業)

화개묘궁(華蓋墓宮)은 연예인(演藝人)에게서 많이 발견되는 조합이다. 종교인이나 예술, 대중 인기직업 등에 인연이 있는 것이다. 법조계나 재정 계통의 고위직에서도 종종 보는 일주 유형이고, 토산품, 부동산, 식품업, 화공업 등이 적합하다. "전답에 비가 내려 물이 있는 형상"이니 건축과 연관된 직업 종사자도 종종 발견된다.

21 甲申(戊7 壬7 庚14)

絶 칠살(七殺) 남연살(男戀殺) 현침(懸針)

"나무에서 떨어진 원숭이"의 상의(象意)로 재주는 많으나 실패수가 잦은 유형으로 분류되기도 한다. 다재다능한 이로 모사(某事)를 즐기므로 조화가 무궁한 가운데 인인성사(人因成事), 인인실패(人因失敗)가 다양하게 연출된다. 또한 혁신(革新)의 상으로 마음이 불안정하고 늘 환경의 변화를 꾀한다. 한편 "바위 위에 홀로 선 나무"의 형상으로 고독한 권위를 의미하기도 한다. 성공의 비결은 참을 인(忍)에 있다.

신중(申中) 壬水 편인(偏印)의 성분이 지나친 혹사나 자기희생을 제어하는 역할을 하며, 절처봉생(絶處逢生)의 변통으로 순간적 임기응변(臨機應變)과 전화위복(轉禍爲福)의 운기(運氣)를 띄고 있다. 일지 역마(驛馬)는 타향살이에 이사하는 일이 많고, 부부궁의 공방(空房)을 암시한다. 자제력과 인내심을 키우지 않으면 종국에 실패하기 쉽다. 금목상쟁(金木相爭)이니 시시각각 두통, 근육통, 골통(骨痛)이 따르니 좌불안석의 상이다. 자손과도 불합(不合)하는 상으로 가정이 편치 않으며 가출(家出)이 염려되므로 주의할 일이다.

남명(南命)에 처궁(妻宮)은 악처고심(惡妻苦心), 차중연애(車中戀愛), 혼담은 백리 밖에서 성사되며 편하려면 경청내어(傾聽內語) 이외에는 도리가 없다. 여명(女命)은 자존심이 강하고, 굽히기 싫어하나 강제 혹은 동정(同情)결혼을 하게 되고 살(殺)이 더욱 왕(旺)하면 이성의 배신자와 배우자의 구타로 인해 신음(呻吟)하기도 하는 천고(天孤)의 흉의를 띄기도 한다. 문제는 학대를 당해도 순응(順應)하지 않으려는 현침(懸針)의 기세에 있다. 좌하칠살(座下七殺)은 노랑(老郞)에 강제 결혼을 암시하여 괴로운 형국이다. 한편 관(官)을 깔고 앉으면 생활력이 있으므로 사회활동을 하기 쉽다.

神殺 註:

<u>칠살(七殺)</u>

갑신(甲申), 무인(戊寅), 임진(壬辰), 임술(壬戌), 계축(癸丑), 계미(癸未) 일은 칠살(七殺)에 좌(坐)하여 암합(暗合)의 기운이 없으므로 충돌, 언쟁, 관재, 구설, 수술, 고립 등의 상황에 처하기 쉬우며 교통사고나 부부간 다툼이나 냉전, 이별의 기운이 강한 편이다.

남연살(男戀殺)

갑인(甲寅), 갑신(甲申), 정축(丁丑), 기축(己丑), 무신(戊申), 신미(辛未), 임인(壬寅), 계미(癸未) 일주의 남자는 배우자 몰래 다른 애인을 숨겨 둘 여지가 있으므로 망신을 살 우려가 있다.

현침살(懸針殺)

甲, 申, 卯, 午, 辛 이 다섯 자를 현침(懸針)이라 한다. 의약업계, 군인, 양복점 등 의류제조업으로 성공하며 가사, 이·미용에도 솜씨를 발휘한다. 흉한 작용으로는 몸을 잘 다치고 심하면 총에 맞거나 칼에 찔려 죽고 교통사고도 당한다. 時에 현침이 겹치면 그 작용력이 무척 강하다.

필살기(必殺技)

1. "나무가 뿌리를 내리지 못하는 상"이니 타향살이에 이사와 출장이 잦고 실속은 없다.
2. 재주가 많아 무엇이든 보면 따라하나, 지속성이 없어 용두사미(龍頭蛇尾)가 흠이다.
3. 부부의 심한 다툼이 멈추어지지 않으니 배신감이 들고, 고독함을 실감한다.

타이밍(timing)

☞ 吉日時는 거래, 매매, 합의, 투자에 적합한 시간대로 활용하

고, 凶日時는 투자나 매매 행위 일체는 피하고 가급적 휴식함이 좋지만, 원거리 이동, 운동, 노동 등의 힘의 소모로 대처함이 좋다.

☞ 甲辰, 乙巳, 丙申, 丁亥, 戊戌, 己丑, 庚辰, 辛巳, 壬申, 癸亥日은 십악대패일(十惡大敗日)로 택일 상 적합치 않은 일진이다.

吉日 : 丑日, 未日

吉時 : 01시 30분에서 03시 30분 사이

凶日 : 寅日, 午日

凶時 : 03시 30분에서 05시 30분 사이

결혼, 이사, 개업 擇日 : 乙卯일, 丁卯일, 己卯일, 癸卯일

질병(疾病)

甲申 일주는 간, 담, 신경계, 두통, 두발 등의 질병을 조심해야 하며, 사지에 이상이 있거나 관절로 고생하는 수가 있다.

甲: 쓸개, 머리, 수염, 머리카락

申: 폐(폐), 대장(大腸), 경락

직업(職業)

권력을 잡거나, 의약계로 진출하는 경우가 있다. 해외기관에서

이름을 높이는 수가 있고, 사업은 운수업이나 철재와 인연이 있다. 공부를 많이 하고 교육자로 진출하는 것이 가장 좋으며, 외교관이나 군경(軍警), 종교계, 의상디자이너, 재봉사 등으로 일하는 사례가 많다.

22 乙酉(庚10 辛20)

絶 장성(將星) 곡각살(曲脚殺) 구추방해(九醜妨害)

"바위 위에 올라앉은 화초(花草)"의 상이니 늘 마음이 편치 않고, 좌불안석(坐不安席)하는 기상이다. 乙木은 원래 재주가 많고 재치가 있으며 인정이 많은데, 일지(日支)에 유인(酉刃), 칼을 찬 형상이니 겉으로는 다정해도 안으로는 권위적이며 대단히 날카롭고 끈질기며 냉혹한 속성이 상존한다. 또한 酉는 모사(某事)하는 성분이 있어 남의 마음을 떠보려는 꾀를 꾸미기도 한다. 대체로 의리가 있으며 한 번 결심하면 매진하게 되고, 미모(美貌)로 태어나 칭찬이 자자하다.

장성칠살(將星七殺)은 관직이나 무관(武官)으로 출세함을 의미한다. 한편 칠살도화(七殺桃花)는 남녀 모두 호색(好色)하는 경향이 있으니 가산을 다 써서 없앤다는 암시가 있으므로 주의해야 한다. 철쇄개금(鐵鎖開金)으로 명식에 酉, 卯, 戌 등의 글자가 1개 더 있으면 본인이나 자식이 의약계나 종교계 등의 활인(活人)

계통으로 진출하게 된다. 천인(天刃)이라, 몸에 큰 수술 자국이나 흉터가 있으면 오히려 길하다고 했다. 乙木 일주는 보편적으로 처덕(妻德)은 좋은 편이나, 뜻하지 않는 여난(女難)의 우려가 있으며 때로는 악처(惡妻)로 변모할 경우가 있다.

여명(女命)은 "곡물을 먹어 치우는 닭"의 형상으로 비교적 약은 성품에 상대를 경계하지만 믿는 도끼에 발등을 찍히는 수가 있다. 부군이 군경(軍警), 의사, 법관으로 종사하면 좋은 인연이나 대개 남편과는 무정(無情)하다. 독신(獨身)이거나 신병(身病) 등으로 고독해지거나, 식구 많은 가정을 책임져야 할 경우가 있으며 자칫 폭력을 경험할 우려도 있다. 자손궁은 미약하여 아들이 없고, 돈보다는 명예를 우선하는 성향을 띈다. 酉金은 칼, 바늘, 금전을 의미하여 한복점이나, 양장점, 계(契), 요식업 계통과 인연이 있다고 전해진다.

神殺 註:

장성(將星)

용맹심이 왕성하여 과감히 행동하는 뜻이 있고 무슨 일에나 진취적으로 임하여 인내와 끈기로 어려움을 이겨 나간다. 직업으로는 군인, 경찰관을 하면 이름도 얻고 권력, 건강에 좋으며 사업은 진취적인 분야가 적합하다. '장성살' 방향으로 큰 문이나 현관문을 내면 운기가 빠진다고 했다.

반면 여자 일지(日支)에 장성은 별로 좋은 것은 못 된다. 아는 것이 많아 이론이 많고 집안에 가만히 있으면 신기(神氣)가 발동하여 병날 지경이고, 종래 부부이별, 별거 등으로 고독해지는 경향이 있다.

곡각살(曲脚殺)

乙, 己, 巳, 丑 위의 네 자가 명식에 있으면 곡각(曲脚)이라 하는데 이는 사고나 병으로 인하여 수족을 못 쓰거나 절단되는 것을 말한다. 또 신경통 등으로 수족에 이상이 있는 것도 포함된다.

구추방해(九醜妨害)

임자(壬子), 임오(壬午), 무자(戊子), 무오(戊午), 기묘(己卯), 기유(己酉), 을묘(乙卯), 을유(乙酉), 신묘(辛卯), 신유(辛酉) 일 생으로 이성간의 혼탁상이 예견된다. 잦은 연애사로 가정풍파를 암시하는 성분이다. 이상의 간지가 시주에 있으면 그 자녀가 같은 성향을 보이게 된다.

필살기(必殺技)

1. 乙木은 타인에게 선심을 베푸는 것이고, 酉金은 상대를 냉정하게 재단함을 의미한다.
2. 두통(頭痛)이나 편두통을 면할 길이 없고, 간, 비장이 약하며 치아(齒牙)도 부실하다.
3. 부창부수(夫唱婦隨)로 남편 일에 헌신하나, 가끔 엉뚱한 일을

저질러 손을 들 지경이다.

타이밍(timing)

☞ 吉日時는 거래, 매매, 합의, 투자에 적합한 시간대로 활용하고, 凶日時는 투자나 매매 행위 일체는 피하고 가급적 휴식함이 좋지만, 원거리 이동, 운동, 노동 등의 힘의 소모로 대처함이 좋다.

☞ 甲辰, 乙巳, 丙申, 丁亥, 戊戌, 己丑, 庚辰, 辛巳, 壬申, 癸亥日은 십악대패일(十惡大敗日)로 택일 상 적합치 않은 일진이다.

吉日 : 申日, 丑日

吉時 : 19시 30분에서 21시 30분 사이

凶日 : 卯日, 未日

凶時 : 05시 30분에서 07시 30분 사이

결혼, 이사, 개업 擇日 : 甲寅일, 丙寅일, 戊寅일, 庚寅일

질병(疾病)

금목상전(金木相戰)으로 두통, 간(肝), 간경화(肝硬化) 등으로 고생하는 경우가 많으며, 담석증(膽石症)으로 수술하는 수가 있다. 여성은 자궁병, 신경통, 관절염 등을 주의해야 한다.

乙: 간(肝), 두발, 음모(陰毛), 손가락, 목덜미

酉: 소장(小腸), 정랑, 난소(卵巢), 코, 인후(목구멍), 폐(肺)

직업(職業)

법관, 의사, 군경, 군의관 계통에 진출하면 길하다. 이외 기술, 토건, 이발, 닭 장사 등에도 인연이 있으며 곤명(坤命)은 간호사, 요리, 미용사, 포목점, 재단사 등에 종사하는 경우가 더러 있다. 타인의 일을 돕는데 일가견이 있는데, 가급적이면 사업을 하지 말라고 했다. 천직(天職)이 공직자나 직장인이기 때문이다.

23 丙戌(辛9 丁3 戊18)

墓 재고귀인(財庫貴人) 천라지망(天羅地網) 백호대살(白虎大殺)

언변이 좋고 의협심이 있으며 활발, 명랑한데 "집을 지키는 개"의 상으로 책임감이 매우 강하다. 희로애락(喜怒哀樂)의 감정 표출이 선명하고, 금세 화를 냈다가 풀어지는 등 감정의 기복이나 변덕스러운 성향이 있기도 하다. 일점 수기(水氣)가 없어 편고(偏枯)하므로 지나치게 자기 위주대로 일을 처리해 나가는 독단적인 기질이 있어 주변의 비난을 사기도 하고, 독종이라는 평을 듣기도 한다. 천예(天藝)로 풍류를 즐기며, 호걸풍이나 외화내허(外華內虛)의 상이다.

인정 많고 도량이 넓으며 처세도 원만한 무골호인(無骨好人)형이지만, 조급한 기질이 흠이다. 애인을 아끼지만 상대가 만족하지 않으므로 결혼에 실패수가 따르기도 한다. 백호(白虎)로 본인이나 배우자의 신상에 횡액(橫厄)이 염려되고, 일락서산(日落西山)이라, "태양이 서산에 갇힌 형상"이니 특히 낙상(落傷)을 주의할 일이다. 장간(藏干)의 음기(陰氣)는 스스로 주위의 좋은 인연을 멀리 하고, 고독한 운명을 가려는 속성을 암시한다.

여성은 한 고집한다. 정이 많으며 간혹 남의 남자를 좋아하는 경우가 있어 문제다. 격(格)이 떨어지면 이성 문제가 발생하기 쉽고, 정조관념이 부족해서 몸을 아끼지 않을 때가 있다. 남편의 덕이 약하고 자식으로 인한 고민이 있다. 하는 일에 막힘이 많음을 실감하니 기도를 하는 일이 많겠다. 남의 자식을 키우거나 이복형제가 있는 경우가 더러 있다.

神殺 註:

<u>재고귀인(財庫貴人)</u>

갑진(甲辰), 병술(丙戌), 정축(丁丑), 무술(戊戌), 기축(己丑), 신미(辛未), 임술(壬戌) 일은 지지(地支)에 재성(財星)의 창고를 두어 재물을 많이 모아 부자(富者)가 된다는 길신(吉神)으로 분류한다. 재고귀인에는 조후(調喉)의 개념이 용해되어 있다.

<u>천라지망(天羅地網)</u>

戌亥는 天羅, 辰巳는 地網인데, 병술(丙戌)과 임진(壬辰)은 동주입묘(同柱入墓)궁에 각각 절궁(絶宮)에 임하게 되니 감금, 구속, 시비, 송사 등의 구설이 따를 소지가 있다. 여명(女命)은 공방수나 파혼을 당해 보기도 하며 자녀궁에 흉사가 예고되기도 한다.

☞ 통상 천라지망을 갖춘 이들은 활인(活人) 계통에 많이 진출하

는데, 검경계나 법조계, 의약계, 역학계, 종교인 등과 연관이 깊다. 이 중 辰과 戌은 기술의 성분을 지녀 첨단산업이나 공업 계통으로 진출하기도 하며, 戌과 亥는 天文星으로 지혜총명하고, 天主敎의 신앙을 믿는 사례가 많다.

<u>백호대살(白虎大殺)</u>

갑진(甲辰), 을미(乙未), 병술(丙戌), 정축(丁丑), 무진(戊辰), 임술(壬戌), 계축(癸丑)의 일곱 개의 조합을 白虎라 하고 이는 기문학(奇門學)의 구성반(九星盤)에 중궁수(中宮數)이므로 명식 중에 이 살이 있으면 해당 육친의 혈광지사(血光之死)와 한을 품은 죽음을 겪는 흉포한 살성이라 할 수 있다. 일주에 있으면 괴강과 같이 성정이 강하고 과격성을 드러낼 수 있어도 남들의 부러움을 사는 기이한 발복이 있을 것이다.

필살기(必殺技)

1. 집념이 강하고 무슨 일이든 빨리 해치워야 직성이 풀리는 편이다.
2. 애처가(愛妻家)나, 처가 만족하지 않는 기상이고, 재복이 있으나 탈재(奪財)가 빈번하다.
3. 음기백호(淫氣白虎)는 겉과 속이 다르고, 자식 하나 불구를 면키 어렵다.

타이밍(timing)

☞ 吉日時는 거래, 매매, 합의, 투자에 적합한 시간대로 활용하고, 凶日時는 투자나 매매 행위 일체는 피하고 가급적 휴식함이 좋지만, 원거리 이동, 운동, 노동 등의 힘의 소모로 대처함이 좋다.

☞ 甲辰, 乙巳, 丙申, 丁亥, 戊戌, 己丑, 庚辰, 辛巳, 壬申, 癸亥日은 십악대패일(十惡大敗日)로 택일 상 적합치 않은 일진이다.

吉日 : 酉日, 亥日

吉時 : 17시 30분에서 19시 30분 사이

凶日 : 辰日, 未日

凶時 : 07시 30분에서 09시 30분 사이

결혼, 이사, 개업 擇日 : 甲寅일, 乙卯일, 丙寅일, 丁卯일, 戊寅일, 己卯일, 辛卯일

질병(疾病)

심장, 소장, 혈액병, 혈압, 중풍 등을 조심해야 과음(過飮)을 삼가야 한다. 중년 이후 당뇨에 시력도 약해지는 경향이 있다. 간혹 폐결핵(肺結核)에 걸리는 수가 있다. 여성은 자궁질환, 자연유산 등을 조심해야 한다.

丙: 소장(小腸), 어깨

戌: 명문(命門), 복숭아 뼈, 자궁, 폐(肺)

직업(職業)

교육, 의약, 법조계가 가장 좋고, 기공, 육영 사업도 가하다. 종교나 철학, 운명학술 등에 심취하기도 한다. 여성은 교육, 의약, 간호, 미용, 의류 계통에 종사하는 이들이 많다.

24 丁亥(戊7 甲7 壬16)

胎 천을귀인(天乙貴人) 천록귀인(天祿貴人) 의처의부(疑妻疑夫)
십악대패(十惡大敗)

천문(天文)으로 두뇌 명석하고, 예감이 빠르며 꿈도 잘 들어맞는다. 외향은 맑고 건전하나 속으로는 자신감이 부족하거나 부족한 마음을 가질 때가 더러 있다. 고향 떠나 객지 생활하고, 생활환경이 분주한 편이다. 배우자는 대개 자신보다 학식이 높거나 좋은 인연인데, 서로 아무도 모르게 이성의 비밀을 간직하기도 한다. 지혜는 있으나 지속성은 부족한 편이며, 혹 변덕이 심해 싫증을 빨리 느끼기도 한다. 더러는 처세가 너무 좋아 오해를 받기 쉽다.

상관(傷官)의 기(氣)가 작동되면 의외의 행동이나 언행을 보일 때가 있으며 독선적인 고집 등으로 좌절을 겪기 쉬우나, 귀인(貴人)의 성분은 전화위복(轉禍爲福), 천우신조(天佑神助)의 혜택을 가져오므로 구제된다. 일면 의심이 많거나, 화를 내면 물불을 가리지 않고 후회를 하기도 한다. 그러나 대개 인격이 온후하고, 정직하며 착하고 어진 처(妻)와 귀한 아들을 두는데 가정이 안태(安泰)하니 아름다운 기상이다.

곤명(坤命)은 인물이 뛰어나고, 미인이라 성품도 자상하고 재주도 좋다. 꼼꼼하고 선한 성품이나 질투심이 있다. 타인을 속일 줄 모르고, 자신은 잘 속으며 남편도 잘 믿는다. 그러나 자칫 한번 외도하기 시작하면 막을 길이 없고, 명암부집(明暗夫集)되면 사통도주(私通逃走)가 우려되기도 한다. 관성(官星)이 깨끗하면 귀부인으로 평생 안락(安樂)하지만 대개는 애정문제로 인한 근심이 있고, 자식으로 인한 고민이 떠나지 않는다.

神殺 註:

<u>천을귀인(天乙貴人)</u>

일귀(日貴)에 정유(丁酉)일, 정해(丁亥)일, 계사(癸巳)일, 계묘(癸卯)일이 있다. 사람됨이 순수하고 자태가 아름다우며 착하고 덕이 있으며 오만하지 않는다. 복록이 두텁고 배우자의 덕이 있다.

<u>천록귀인(天祿貴人)</u>

병자(丙子), 정해(丁亥), 신사(辛巳) 일이 天祿에 해당되며, 인격이 온후하고 정직하여 많은 사람의 도움과 신뢰를 받으며 일생 행복하다는 길성(吉星)이다.

의처의부(疑妻疑夫)

갑오(甲午), 병술(丙戌), 무진(戊辰), 경진(庚辰), 임술(壬戌) 일주의 남자와 을사(乙巳), 정해(丁亥), 기해(己亥), 신사(辛巳), 계해(癸亥) 일주의 여자는 배우자에게 집착하는 경향이 있다. 내심 배우자의 이성 관계를 의심하기도 한다.

십악대패(十惡大敗)

十惡大敗日이란 유시무종(有始無終)하고 낭비가 심하고 불운을 만나면 가산탕진하여 대패한다는 암시가 있다. 이는 엄밀히 년간과 일간이 편관의 작용을 하고, 년지와 일지가 상충하는 조합으로 구성된다. 庚戌年의 甲辰日, 辛亥年의 乙巳日, 丙申年의 壬寅日, 癸巳年의 丁亥日, 戊寅年의 甲申日, 甲辰年의 戊戌日, 乙未年의 己丑日, 丙寅年의 壬申日, 甲戌年의 庚辰日, 乙亥年의 辛巳日 등이 해당된다.

필살기(必殺技)

1. 외견은 맑고 명랑하나, 내면은 감추고 숨기는 형, 겉은 충실해도 속에는 거부감이 있다.
2. "어둠을 밝히는 달"의 상징이니 사람의 성정을 잘 파악하고, 주작(朱雀)은 말을 잘 한다.
3. 여성은 차중연애(車中戀愛), 국제결혼까지 생각해 보며, 애교 만점으로 총애를 받는다.

타이밍(timing)

☞ 吉日時는 거래, 매매, 합의, 투자에 적합한 시간대로 활용하고, 凶日時는 투자나 매매 행위 일체는 피하고 가급적 휴식함이 좋지만, 원거리 이동, 운동, 노동 등의 힘의 소모로 대처함이 좋다.

☞ 甲辰, 乙巳, 丙申, 丁亥, 戊戌, 己丑, 庚辰, 辛巳, 壬申, 癸亥日은 십악대패일(十惡大敗日)로 택일 상 적합치 않은 일진이다.

吉日 : 酉日, 亥日

吉時 : 07시 30분에서 09시 30분 사이

凶日 : 巳日, 午日

凶時 : 09시 30분에서 11시 30분 사이

결혼, 이사, 개업 擇日 : 甲寅일, 丙寅일, 丁卯일, 庚寅일, 壬寅일

질병(疾病)

시력 약화를 조심하고, 요로방광(尿路膀胱), 당뇨, 뇌일혈, 각기병(脚氣病), 동상 등에 주의할 필요가 있다.

丁: 심장(心腸)

亥: 머리, 고환(睾丸), 항문, 생식기

직업(職業)

사업보다는 관직이나 직장인이 좋고, 외교, 행정, 법조계, 해외상사 등이 적합하다. 간혹 천라(天羅)로 정보수사 계통에 종사하는 이들을 발견할 수 있다. 굳이 사업을 고집한다면 수산업, 해운업, 식품, 관광레저 등의 분야가 합당하다.

25 戊子(壬10 癸20)

胎 육수(六秀) 비인(飛刃殺) 구추방해(九醜妨害)

천지합덕(天地合德)하는 명(命)으로 무척 총명하다. 가정은 대체로 안정되어 있으며 천지합덕은 충(沖)을 두려워한다. “산과 바다의 형상”이니 출생지와 인연이 있다. “산 속의 다람쥐” 상은 근본적으로 심성이 착하고 재복(財福)이 있음을 상징하고, 더 큰 것을 바라면 손해를 보게 됨을 암시한다. 子水, 앉은자리가 추우니 항상 午를 불러와 어머니와 대화를 하려고 하며 모정(母情)을 애타게 그리지만, 그 덕이 부족하고 모선망(母先亡)에 고독감을 느끼기 쉽다. 거부(巨富)가 되기는 어렵지만 항상 돈이 있어 보이는 유형이며, 탈재(奪財)가 많은 편이다.

보수적인 성향에 꼼꼼하고 차분하지만 간혹 비인(飛刃)의 과격한 기질이 드러나기도 한다. 건명(乾命)의 경우, 고집은 있으나 박력이 없으니 대업(大業)을 성취하기는 힘들고, 귀가 엷어 손해를 보는 일이 있다. 미인이 많이 따르며 여자를 다루는 솜씨는 뛰어나고, 자손궁은 패지(敗地)가 되어 덕이 두텁지 않은 편이다.

곤명(坤命), 戊子는 무자(無子)라는 말이 있을 정도로 자식과의 인연이 박한 편이다. 남 보기에는 팔방미인(八方美人)에 현모양처(賢母良妻) 감이지만 정작 자신은 근심도 많고 변동이 잦은 편이다. 부덕(夫德)이 약한 편으로 배우자는 무능하거나 한량이기 쉽다. 타자양육(他子養育)에 자손의 터울이 있는 경우가 많고, 신앙을 가지나 오래가지 못하며 재복(財福)은 있는 편이다. 子水, 야반재(夜半財)는 야식(夜食)을 즐기는 취향을 암시하기도 한다.

神殺 註

육수(六秀)

병오(丙午), 정미(丁未), 무자(戊子), 기축(己丑), 무오(戊午), 기미(己未) 일주는 육수성에 해당한다. 육수의 성격은 급하고 재치가 있는 반면, 자기의 이익을 먼저 생각하는 습성이 있으므로 독단적인 기질이 있으며 동업 등은 피하는 게 좋다고 알려진다.

비인살(飛刃殺)

매사에 집중을 잘 하면서도 실증을 잘 낸다. 지속성이 없고, 변덕을 부리는 편이다. 시작은 있되, 끝이 없고, 성공과 실패가 반복되는 유형이다. 병자(丙子), 정축(丁丑), 무자(戊子), 기축(己丑), 임오(壬午), 계미(癸未) 일주가 이에 해당한다.

☞ 飛刃은 洋刃을 충하는 지지(地支)로 호록지신(護祿之神)으로 보

기도 하는데, 주로 예기(藝技)의 성분으로 작용한다.

구추방해(九醜妨害)

임자(壬子), 임오(壬午), 무자(戊子), 무오(戊午), 기묘(己卯), 기유(己酉), 을묘(乙卯), 을유(乙酉), 신묘(辛卯), 신유(辛酉) 일 생으로 이성간의 혼탁상이 예견된다. 잦은 연애사로 가정풍파를 암시하는 성분이다. 이상의 간지가 시주에 있으면 그 자녀가 같은 성향을 보이게 된다.

필살기(必殺技)

1. 육친의 정을 그리워하고, 마음속에 인정이 있으나 밖으로 표현하지 않는 성격이다.
2. 현처(賢妻)를 두게 되나, 다른 여자를 두지 않으면 재취(再娶)하거나 독신이 된다.
3. 여성은 마음이 약해 눈물이 많고 재복이 좋아 지갑이 비는 일이 없다.

타이밍(timing)

☞ 吉日時는 거래, 매매, 합의, 투자에 적합한 시간대로 활용하고, 凶日時는 투자나 매매 행위 일체는 피하고 가급적 휴식함이 좋지만, 원거리 이동, 운동, 노동 등의 힘의 소모로 대처함이 좋다.

☞ 甲辰, 乙巳, 丙申, 丁亥, 戊戌, 己丑, 庚辰, 辛巳, 壬申, 癸亥日은 십악대패일(十惡大敗日)로 택일 상 적합치 않은 일진이다.

吉日 : 丑日, 辰日

吉時 : 01시 30분에서 03시 30분 사이

凶日 : 午日, 未日

凶時 : 11시 30분에서 13시 30분 사이

결혼, 이사, 개업 擇日 : 丙寅일, 戊寅일, 庚寅일, 壬寅일

질병(疾病)

戊子 일주는 비위와 요통에 병이 오는 경우가 많다 신장, 방광, 위장 등의 질환을 조심해야 하며, 비뇨기 계통이 약하고 여자는 요통, 자궁질환 등을 겪기 쉽다.

戊: 위(胃), 갈비

子: 방광(膀胱), 음부(陰部), 요도(尿道), 귀(耳)

직업(職業)

금융기관, 무역, 경리, 보험 계통이 적합하고, 토건, 농수산품, 의사, 특수 기술, 종교인, 역술인 등에서도 종종 발견된다.

26 己丑(癸9 辛3 己18)

墓 재고귀인(財庫貴人) 태극귀인(太極貴人) 간여지동(干與支同)
곡각살(曲脚殺)

"밭을 가는 소"의 형상은 근면과 성실을 의미한다. 심지가 강직하고, 우둔하므로 홀로 독행(獨行)하는 성질이 있다. 초지일관(初志一貫)하는 기운은 대개 중년 이후 좋은 결실을 맺게 됨을 암시한다. 한편 고집이 있고, 신금(辛金)으로 인해 욱하는 기질과 거친 언행을 보일 때가 있다. 탕화(湯火)로 화상의 흉터나 수술 자국, 부상 등으로 몸에 흉터를 남기기 쉽다. 동토(凍土)라 丙火를 보게 되면 학식이 대단하고 학자 스타일로 인품이 고상하다.

음기(陰氣)가 강해 사람을 쉽게 믿지 못하고 의심하는 면이 있으며, 누구와도 함부로 친해지려 하지 않는다. 인품이 고지식하고 인정이 많으며, 겉으로는 용맹하면서도 뒤는 무른 특성이 있다. 처복(妻福)은 약한 편으로 혼전 경험이 있는 상대와 인연을 맺게 되고, 의처증(疑妻症)을 보일 때가 있다.

여성은 비인(飛刃)으로 자존심이 대단하고, 고집이 세며 자기 성질대로 사는 유형이 많다. 내심 비밀이 있고, 남편의 덕이 없어 공방수(空房數)가 따르니 나이 차가 많거나 떨어져 지내면 좋다. 자칫하면 탈부(奪夫)하는 수가 있으며, 의부증(疑夫症)은 장간(藏干)의 비견(比肩), 己土에 연유한다. 식신고(食神庫)로 자식 하나와 이별하는 수가 있으니 유학(留學)을 보내는 것이 좋다. 음토(陰土)는 모성(母性)을 함유하여 선천적으로 교사의 체질이다.

神殺 註

재고귀인(財庫貴人)

갑진(甲辰), 병술(丙戌), 정축(丁丑), 무술(戊戌), 기축(己丑), 신미(辛未), 임술(壬戌) 일은 지지(地支)에 재성(財星)의 창고를 두어 재물을 많이 모아 부자(富者)가 된다는 길신(吉神)으로 분류한다. 재고귀인에는 조후(調喉)의 개념이 용해되어 있다.

태극귀인(太極貴人)

갑자(甲子), 갑오(甲午), 정묘(丁卯), 정유(丁酉), 무진(戊辰), 무술(戊戌), 기축(己丑), 기미(己未), 경인(庚寅), 신해(辛亥), 임신(壬申), 계사(癸巳) 일이 태극귀인에 해당되며, 태극은 시종(始終)을 의미하여 종래 성과를 거두는 기쁨을 암시한다.

☞ 원래 태극귀인은 생년(生年)을 위주로 보나, 일지(日支)에서도

보며 격국(格局)의 청순함을 요한다. 격국이 우수하면 입신양명(立身揚名)한다는 것이다.

간여지동(干與支同)

간지(干支)가 같은 오행(五行)의 글자로 장간(藏干)이 비견(比肩)이 서로 어깨를 밀어내는 형국에 처하면 부부간 생사이별수를 겪게 된다는 것으로 각거(各居)하게 되며, 백호(白虎) 등의 흉살(凶殺)과 겹치면 사별(死別)하기도 하는 것이다.

곡각살(曲脚殺)

乙, 己, 巳, 丑 위의 네 자가 명식에 있으면 곡각(曲脚)이라 하는데 이는 사고나 병으로 인하여 수족을 못 쓰거나 절단되는 것을 말한다. 또 신경통 등으로 수족에 이상이 있는 것도 포함된다.

필살기(必殺技)

1. 근면하고, 장간(藏干)의 식신생재(食神生財)로 평생 금전의 궁핍함은 없다.
2. 종교, 신앙, 철학 등에 인연을 맺게 되고, 돈을 잘 쓰고 놀면서도 인색한 면이 있다.
3. 일견 남자를 싫어하는 듯하나, 실제로는 좋아하며 성교 중에 우는 기질이 있다.

타이밍(timing)

☞ 吉日時는 거래, 매매, 합의, 투자에 적합한 시간대로 활용하고, 凶日時는 투자나 매매 행위 일체는 피하고 가급적 휴식함이 좋지만, 원거리 이동, 운동, 노동 등의 힘의 소모로 대처함이 좋다.

☞ 甲辰, 乙巳, 丙申, 丁亥, 戊戌, 己丑, 庚辰, 辛巳, 壬申, 癸亥日은 십악대패일(十惡大敗日)로 택일 상 적합치 않은 일진이다.

吉日 : 子日, 申日

吉時 : 19시 30분에서 21시 30분 사이

凶日 : 未日, 午日

凶時 : 13시 30분에서 15시 30분 사이

결혼, 이사, 개업 擇日 : 甲寅일, 丙寅일, 丁卯일, 戊寅일, 己卯일, 辛卯일, 癸卯일

질병(疾病)

위장, 심장, 혈액질환, 디스크 등을 주의해야 하고, 여성은 자궁(子宮)이 약하다. 냉증(冷症), 풍습에 장질, 비위, 요통으로 고생할 수가 있는데, 무엇보다 몸을 따뜻하게 하는 게 상책이다.

己: 비장(脾臟), 배

丑: 위(胃), 비장(脾臟), 좌측다리

직업(職業)

건축, 토건업, 농업, 농장, 임업 등과 연관이 있고, 인수(印綬)가 투간(透干)하면 종교, 예능 계통이 길하고 성공한다. 대개 자유업이 많으며 의약계나 교육계로 진출하는 경우도 많다. 또한 무속(巫俗)이나 역술(易術), 철학, 종교인 등과도 인연이 된다.

27 庚寅(戊7 丙7 甲16)

絶 관귀학관(官貴學官) 태극귀인(太極貴人) 뇌공타뇌관(雷公打腦關) 단장관(斷腸關)

의리지상(義理之象)이나 백호(白虎)의 상은 변화가 많고, 집착력, 개척정신, 쟁투력이 대단함을 의미한다. 관(官)이 잘 짜이면 권력계나 외교계에서 출세하며, 무역이나 다국적 기업과도 인연이 많다. 대개 부인을 고생시키는 경우가 많고, 처의 인연도 많이 바뀌는 파란(波瀾)이 있다. 여성도 본인이 생활을 꾸려 나가며 남편을 멸시하는 경우가 있다. 용기와 위세가 너무 지나쳐 실패를 자초하기도 하며, 궁지에 몰리면 때때로 윗사람과 주변의 도움으로 위기를 모면하고 성공하지만, 결국 본의 아니게 배신하는 결과를 초래하기도 한다.

칠살(七殺)과 편인(偏印)의 조합은 출세욕이 강하고, 이기심과 독선으로 인해 진실한 유대를 맺기 어려우며 신용을 잘 지키지 않는 단점을 시사한다. 즉시 판단하고, 편견에 치우칠 우려가 있다. 고의로 거짓말을 해도 내색하는 법이 없다. 타향지객(他鄕之客)에 해외출입(海外出入)하고, 이사빈다(移徙頻多)는 지살(地殺)에 기인한다. 목재(木財)는 외식을 즐기고 화식(和食)을 좋아한다. 처세 좋고, 영리하며 수리(數理)에 밝으나 돈 보다 명예를 더 중시한다.

여성은 자기만 잘 살면 된다는 식의 이기적인 성향을 내포한다. 부부궁은 원만치 못해 상격(上格)이면 권력 계통에 종사하는 부군을 두나, 대개는 생과부(生寡婦)로 본인이 무능한 남편을 먹여 살리는 식이다. "칼 맞은 범"의 형상이니, 뇌공타뇌관(雷公打腦關)은 남녀 불문하고 교통사고나 가스, 화재 등을 조심해야 함을 상기시킨다. 그러므로 화재보험은 필수적으로 가입할 사항이다.

神殺 註

<u>관귀학관(官貴學官)</u>

지혜가 밝고 학문이 뛰어나 교육자로 성공하거나 공무원이 되면 승직이 매우 빨라 입신출세(立身出世)한다는 길성으로 고위직에 오른다는 암시가 있다.

<u>태극귀인(太極貴人)</u>

갑자(甲子), 갑오(甲午), 정묘(丁卯), 정유(丁酉), 무진(戊辰), 무술(戊

戌), 기축(己丑), 기미(己未), 경인(庚寅), 신해(辛亥), 임신(壬申), 계사(癸巳) 일이 태극귀인에 해당되며, 태극은 시종(始終)을 의미하여 종래 성과를 거두는 기쁨을 암시한다.
☞ 원래 태극귀인은 생년(生年)을 위주로 보나, 일지(日支)에서도 보며 격국(格局)의 청순함을 요한다. 격국이 우수하면 입신양명(立身揚名)한다는 것이다.

뇌공타뇌관(雷公打腦關)

병자(丙子), 무술(戊戌), 경인(庚寅) 일에 해당하며 벼락, 전기 등으로 인한 사고의 위험을 내포한다. 화재, 가스, 교통사고 등을 조심할 일이다.

단장관(斷腸關)

갑오(甲午), 을미(乙未), 병진(丙辰), 정사(丁巳), 기묘(己卯), 경인(庚寅), 계축(癸丑) 일로 대장(大腸)이나 소장(小腸) 계의 질환으로 고생할 암시가 있다는 조합이다.

필살기(必殺技)

1. "평범한 것은 싫다"는 사람으로 스스로 고생을 사서하기도 하며 매사 큰일을 도모한다.
2. 가권(家權)이 처(妻)에게 있고, 처외유첩(妻外有妾), 재취(再娶)하는 경우가 많다.
3. 여연(女戀)으로 남편 몰래 연애해 보고, 활동적이고 가권(家

權)을 쥐고 흔드는 상이다.

타이밍(timing)

☞ 吉日時는 거래, 매매, 합의, 투자에 적합한 시간대로 활용하고, 凶日時는 투자나 매매 행위 일체는 피하고 가급적 휴식함이 좋지만, 원거리 이동, 운동, 노동 등의 힘의 소모로 대처함이 좋다.

☞ 甲辰, 乙巳, 丙申, 丁亥, 戊戌, 己丑, 庚辰, 辛巳, 壬申, 癸亥日은 십악대패일(十惡大敗日)로 택일 상 적합치 않은 일진이다.

吉日 : 丑日, 午日

吉時 : 11시 30분에서 13시 30분 사이

凶日 : 申日, 未日

凶時 : 15시 30분에서 17시 30분 사이

결혼, 이사, 개업 擇日 : 乙卯일, 丁卯일, 己卯일, 辛卯일

질병(疾病)

단장관(斷腸關)으로 대장이나 맹장 수술을 받을 수 있다. 치질이나 해소 등으로 고생하여보고, 디스크, 치과 질환, 화상 등에도 주의할 필요가 있다.

庚: 대장(大腸), 배꼽

寅: 쓸개, 손, 머리카락

직업(職業)

재정, 법조, 외교, 항공, 무역업 등에서 성공하고 전자, 화공, IT, 섬유, 식품 계통과도 유관하다. 관광, 금융, 출판, 인쇄, 철물상 등으로 성공하며 재복(財福)이 좋아 큰돈을 벌어 보기도 한다.

28 辛卯(甲10 乙20)

絶 관귀학관(官貴學官) 교신성(交神星) 현침(懸針) 음욕살(淫浴殺)

성격이 담백하고 경우가 밝으며 재물을 많이 만져 보는 명인데, 재(財)로 만족해야지, 관(官)까지 욕심을 부리면 천파(天破)의 형을 당한다. 학문은 도중하차에 부모와는 불합(不合)한다. 보통 천지덕합(天地德合) 되는 일주(日柱)는 큰 애로사항을 겪지 않으나, 천지불합(天地不合)은 풍파가 있다. '흰 토끼'의 상은 침착성이 부족하여 일의 진행에 차질이 있다는 점과, 의심이 많아 소심한 기질을 암시한다. 자의(字意) 상 자칫하면 하체가 불구가 되는 수 있으니 주의할 일이다. 활인(活人)하고 적덕(積德)을 쌓아야 자신과 배우자의 신체 이상을 면한다.

남명(男命)은 편재(偏財)의 성분이 강해 배우자보다 애인을 더 생각하는 기질이 있다. 이렇게 되면 처궁(妻宮)이 부실해지고 자신이 악처(惡妻)로 만든 격인데, 삼처(三妻)의 인연이라 했다. 현침(懸針)이 가장 강한 일주로 심신의 고통이 따르며 유혹에 잘 넘어가는 편이다. 자고로 일지(日支) 卯는 부부의 이별수가 따른다고 했다. 절궁무관(絶宮無官)으로 외방자손(外房子孫)을 두기 쉽다. 기술에 소질이 있으므로 의사나 기술자로 성공할 수 있다.

여성은 부덕(夫德)이 약한 편으로 그 남편이 무력하거나, 주색에 빠지는 경우가 있는데, 본인이 IT, 컴퓨터, 기술직에 종사하는 예가 많다. 봉사하는 정신이 강하고, 공짜를 좋아하지 않는다. 행복한 가정을 이루기가 쉽지 않다. 부군작첩(夫君作妾)으로 독수공방하기도 하며, 시집오면서 신랑(新郞)이 놀고, 시가 형제마저 재앙이 발생하니 오비이락(烏飛梨落) 격이다.

神殺 註

<u>관귀학관(官貴學官)</u>

지혜가 밝고 학문이 뛰어나 교육자로 성공하거나 공무원이 되면 승직이 매우 빨라 입신출세(立身出世)한다는 길성으로 고위직에 오른다는 암시가 있다.

<u>교신성(交神星)</u>

병자(丙子), 병오(丙午), 신묘(辛卯), 신유(辛酉) 일 생은 무슨 일이든 타인과 같이 하지 못한다는 성좌(星座)로 생각은 깊으나 자아심이 강하다. 주변 환경이 마음에 들지 않을 때가 많고 자기 생각과 같지 않다.

현침살(懸針殺)

甲, 申, 卯, 午, 辛 이 다섯 자를 현침(懸針)이라 한다. 의약업계, 군인, 양복점 등 의류제조업으로 성공하며 가사, 이·미용에도 솜씨를 발휘한다. 흉한 작용으로는 몸을 잘 다치고 심하면 총에 맞거나 칼에 찔려 죽고 교통사고도 당한다. 時에 현침이 겹치면 그 작용력이 무척 강하다.

음욕살(淫浴殺)

무술(戊戌), 신묘(辛卯), 정미(丁未), 을묘(乙卯), 기미(己未), 계축(癸丑), 경신(庚申) 일주는 음욕이라 하여 말 그대로 음흉하고 색정적인 기질을 내포할 가능성이 있다. 여성이 이에 해당되면 유흥가 등으로 진출할 소지가 있고, 남성의 경우는 재혼하는 사례가 많다.

필살기(必殺技)

1. 신경이 예민하여 스스로 초조 불안한 기질이 있으며, 손재주가 좋은 편이다.
2. 일지(日支) 편재(偏財)는 처(妻)에게 의지하는 상이며, 현침(懸針)으로 처를 고생시킨다.
3. 여성은 이재(理財)에 밝고 돈을 벌지만, 남편에게 희생하고 본인은 한 푼 쓰지 못한다.

타이밍(timing)

☞ 吉日時는 거래, 매매, 합의, 투자에 적합한 시간대로 활용하고, 凶日時는 투자나 매매 행위 일체는 피하고 가급적 휴식함이 좋지만, 원거리 이동, 운동, 노동 등의 힘의 소모로 대처함이 좋다.

☞ 甲辰, 乙巳, 丙申, 丁亥, 戊戌, 己丑, 庚辰, 辛巳, 壬申, 癸亥日은 십악대패일(十惡大敗日)로 택일 상 적합치 않은 일진이다.

吉日 : 寅日, 午日

吉時 : 07시 30분에서 09시 30분 사이

凶日 : 酉日, 未日

凶時 : 17시 30분에서 19시 30분 사이

결혼, 이사, 개업 擇日 : 丙寅일, 戊寅일, 己卯일, 庚寅일, 辛卯일, 壬寅일

질병(疾病)

辛卯 일주는 기관지, 폐병에 주의해야 하고, 과욕하면 간경화, 간암(肝癌) 등으로 고생하게 된다. 신경 계통, 척추질환, 방광, 하체불구, 수족의 상처 등을 조심해야 한다.

辛: 폐(肺), 다리

卯: 간(肝), 좌측갈비, 손가락

직업(職業)

IT, 컴퓨터, 내지는 의약계로 입신(立身)함이 제격이다. 곤명(坤命)는 손재주로 봉재(자수), 간호사, 치과의사, 의상, 제과점, 미용실 등에 종사하는 일이 많다.

29 壬辰(乙9 癸3 戊18)

墓 복성귀인(福星貴人) 퇴신(退神) 괴강(魁罡) 천라지망(天羅地網)

"용(龍)이 물을 만나 만사형통(萬事亨通)의 기상"이나 하늘로 오르지 못하는 아쉬움이 있다. 이러한 바는 임전무퇴(臨戰無退)의 기상으로 절대로 타인에게 굴복당하지 않으며 자립정신이 강하고 박력은 있으나, 속전속결에 지구력이 약한 흠으로 나타난다. 乙木 상관(傷官)의 수기(秀氣)와 戊土 편관(偏官)으로 역류(逆流)하는 극제(克制)의 성분은 일관성이 없고 이 같은 유형은 심리구조도 상당히 복잡한 것이다.

재주가 넘쳐 스스로 함정을 파고, 일을 너무 크게 벌여 후회하기도 한다. 대체로 도량이 넓고 포부도 크며, 인내심이 강하다. 건명(乾命)은 타고난 재능과 리더십으로 만인(萬人)을 계도하고 형식을 중히 여긴다. 눈빛이 강하고 야심만만한 사람이며 그 속은 반항적이며 승부욕이 강하고 말로써 상대방에게 상처를 주는 경향이 있다. 평생 남 좋은 일만 많이 하고, 실속이 없으며 불안정하기 쉽다. 처덕(妻德)은 보나 처궁(妻宮)은 부실하여 본처 해로하기는 쉽지 않다. 곤명(坤命)은 원래가 과부지상(寡婦之象)으로 무계암합(戊癸暗合)은 공방수(空房數)를 암시한다. 이익이 없어도 사회봉사 활동 등을 하게 되고, 부부애정이 엷어 자식을 멋대로 기르는 경향이 있다. 외화내곤(外華內困)의 상이다.

神殺 註

<u>복성귀인(福星貴人)</u>

갑인(甲寅), 을축(乙丑), 병자(丙子), 정유(丁酉), 무신(戊申), 기미(己未), 경오(庚午), 신사(辛巳), 임진(壬辰). 계묘(癸卯)의 간지 조합을 복성귀인이라 하고 수복(壽福)을 뜻하는 길신이므로 일생 동안 복록이 따르는 편이며 부귀장수 한다는 것이다. 복성귀인은 시지(時支)에 있으면 더욱 좋다.

<u>퇴신(退神)</u>

정축(丁丑), 정미(丁未), 임진(壬辰), 임술(壬戌) 일이 퇴신으로 가치관이 일반인과는 다소 다르며, 타인들에게 두드러져 보이려는 성격을 지닌다. 속단하여 실행한 일로 뒤늦게 후회하기도 한다.

<u>괴강(魁罡)</u>

경진(庚辰)일, 임진(壬辰)일, 무술(戊戌)일, 경술(庚戌)일을 두고 괴강이라 한다. 辰은 천강(天罡), 戌은 하괴(河魁)가 되어 음양 절멸

(絶滅)의 땅이다. 경(經)에 이르길 괴강격은 무리 중에서 남보다 뛰어나며 발복(發福)이 빠르다고 했다. 사람이 총명(聰明)하고 문장력이 있으며, 일에 임(臨)하여 과단성이 있고 권세를 지향하는 속성이 강하다.

여자는 대개 그 용색(容色)은 아름다우나 고집이 센 편으로 남편과 참다운 화합을 하기 어렵고 이혼하거나 병으로 신음하는 수가 있다. 남자는 이론적 토론을 즐기며 상대를 압박하는 기운이 있다.

천라지망(天羅地網)

戌亥는 天羅, 辰巳는 地網인데, 병술(丙戌)과 임진(壬辰)은 동주입묘(同柱入墓)궁에 각각 절묘궁(絶墓宮)에 임하게 되니 감금, 구속, 시비, 송사 등의 구설이 따를 소지가 있다. 여명(女命)은 공방수나 파혼을 당해보기도 하며 자녀궁에 흉사가 예고되기도 한다.

필살기(必殺技)

1. 괴강(魁罡), 퇴신(退神)의 작용으로 자기 주장을 내세우고, 자기 자랑을 하는 경향이 있다.
2. 처궁(妻宮)은 자신을 속박하는 고집 센 여성과 인연으로 불화를 겪고 이별수가 따른다.
3. 부덕(夫德)이 약하며 일가부양(一家扶養)에 일복은 타고 난 셈이고, 마음에 그늘이 있다.

타이밍(timing)

☞ 吉日時는 거래, 매매, 합의, 투자에 적합한 시간대로 활용하고, 凶日時는 투자나 매매 행위 일체는 피하고 가급적 휴식함이 좋지만, 원거리 이동, 운동, 노동 등의 힘의 소모로 대처함이 좋다.

☞ 甲辰, 乙巳, 丙申, 丁亥, 戊戌, 己丑, 庚辰, 辛巳, 壬申, 癸亥日은 십악대패일(十惡大敗日)로 택일 상 적합치 않은 일진이다.

吉日 : 卯日, 巳日

吉時 : 01시 30분에서 03시 30분 사이

凶日 : 戌日, 午日

凶時 : 19시 30분에서 21시 30분 사이

결혼, 이사, 개업 擇日 : 甲寅일, 丙寅일, 丁卯일, 庚寅일, 辛卯일, 壬寅일, 癸卯일

질병(疾病)

중년 이후 신장, 방광, 위장, 간담질환 등을 조심해야 하고 특히 중풍이나 비뇨기 계통의 질환으로 고생할 염려가 있다.

壬: 방광(膀胱), 경락, 삼초(三焦)

辰: 가슴, 피부(皮膚), 좌측어깨

직업(職業)

군경(軍警), 검찰(檢察), 수사 계통에 적합하며 교육이나 정계로 입신(立身)함도 가하다. 종교인, 무역업, 관광, 숙박업 등의 진로도 무관치 않다.

30 癸巳(戊7 庚7 丙16)

胎 천을귀인(天乙貴人) 록마동향(祿馬同鄕) 태극귀인(太極貴人)
복신(伏神) 음차(陰差)

일지(日支) 지살(地殺)은 일찍 고향을 떠나 활동하게 됨을 암시하고, 권위와 명예에 대한 야망과 탐심(貪心)이 강하여 권력을 지향한다. 분주한 일상 속에서 지혜와 이해심이 깊고, 보수적인 경향이 강한 동시에 한편으로는 조급하고 인색하며 변덕이 심한 변화무쌍(變化無雙)한 기질을 함유한다. 재복(財福)은 있으나, 화재(火財)로 산실되기 쉬우니 관리가 우선이다. 총명하고 계산이 빠르지만 장간(藏干)의 구조는 금기(金氣)를 왕(旺)하게 하여 자칫 몸을 다칠 염려가 있다. 평생 의식과 복록(福祿)은 두터운 편이고, 주위의 인덕도 기대할만하다. 식상(食傷)의 부재(不在)로 신념과 현실이 어긋나 하는 일에 막힘이 많고 매사가 지연, 정체된다는 암시가 있는데, 태극귀인(太極貴人)은 종래 대업을 성취하는 운기(運氣)를 시사한다.

천성(天性)이 귀인(貴人)을 놓아 양순하고, 총명한 가운데, 문제는 지나친 탐관(貪官)이다. 출세(出世)에 대한 집착이 강하고, 어떤 고통과 역경도 딛고 일어서는 일주(日柱). 여성의 경우 명암부집(明暗夫集)되거나 지지(地支)에 巳, 亥 등을 보게 되면 이성문제, 삼각관계로 인한 번민을 면키 어렵다. 차중연애(車中戀愛)나 국제연애, 간혹 국제결혼을 할 수도 있으며 군인이나 경찰과도 인연이 많다. 천을귀인, 인성(天月德)의 작용은 위험한 처지에 놓여도 살아갈 방도가 나타나는 천우신조(天佑神助)의 혜택을 뜻한다.

神殺 註

천을귀인(天乙貴人)

일귀(日貴)에 정유(丁酉)일, 정해(丁亥)일, 계사(癸巳)일, 계묘(癸卯)일이 있다. 사람됨이 순수하고 자태가 아름다우며 착하고 덕이 있으며 오만하지 않는다. 복록이 두텁고 배우자의 덕이 있다.

록마동향(祿馬同鄕)

정관과 재성이 일지에 암장되어 있는 것을 말하는데, 대체로 인명의 지복을 상징한다.

태극귀인(太極貴人)

갑자(甲子), 갑오(甲午), 정묘(丁卯), 정유(丁酉), 무진(戊辰), 무술(戊戌), 기축(己丑), 기미(己未), 경인(庚寅), 신해(辛亥), 임신(壬申), 계사(癸巳) 일이 태극귀인에 해당되며, 태극은 시종(始終)을 의미하여 종래 성과를 거두는 기쁨을 암시한다.

복신(伏神)

무인(戊寅), 계사(癸巳), 무신(戊申), 계해(癸亥) 일이 복신으로 이는 매사가 지연, 정체된다는 암시가 있다.

음양차착(陰陽差錯)

배우자와 불화하고 사별하며 상부극처(傷夫剋妻)하게 되는 것이니 재취하여도 해로하기 어렵다. 또 음란하고 색난이 따른다. 심하게는 상(喪) 중에 취첩(娶妾)하며 혼인하여도 곧 실패수(被折)가 따른다고 표현하기도 한다. 그 작용력에 있어서 취첩(陽差)는 피절(陰錯)보다 강한 점이 있다.

필살기(必殺技)

1. 복신(伏神)의 작용으로 일이 지연되면, 마음이 초조해지고 조급증이 더욱 심해진다.
2. 처덕(妻德)이 두터운 편으로 재색(財色)을 겸비한 양가의 규수(閨秀)와 연분을 맺는다.

3. 곤명(坤命)은 왕성한 사회활동을 하며, 관탐(官貪)하여 이성의 고민이 떠날 새 없다.

타이밍(timing)

☞ 吉日時는 거래, 매매, 합의, 투자에 적합한 시간대로 활용하고, 凶日時는 투자나 매매 행위 일체는 피하고 가급적 휴식함이 좋지만, 원거리 이동, 운동, 노동 등의 힘의 소모로 대처함이 좋다.

☞ 甲辰, 乙巳, 丙申, 丁亥, 戊戌, 己丑, 庚辰, 辛巳, 壬申, 癸亥日은 십악대패일(十惡大敗日)로 택일 상 적합치 않은 일진이다.

吉日 : 卯日, 巳日

吉時 : 19시 30분에서 21시 30분 사이

凶日 : 亥日, 未日

凶時 : 21시 30분에서 23시 30분 사이

결혼, 이사, 개업 擇日 : 乙卯일, 丁卯일, 癸卯일

질병(疾病)

신장, 방광, 폐, 기관지, 뇌출혈, 당뇨, 비뇨기, 야뇨증 등의 질환을 겪기 쉽고, 수화교전(水火交戰)의 상은 정신적인 질환이나 신경과민으로 인한 육체적인 장애를 불러올 수 있다.

癸: 신장(腎臟), 발

巳: 얼굴, 인후(목구멍), 이빨, 항문(肛門)

직업(職業)

정계, 재정, 금융, 보험, 의사, 방송, 언론, 교수, 공무원, 무역, 해외기관 등에 종사하는 경우가 많고, 유흥업이나, 화원, 행상 등으로 생활하는 경우가 있다.

31 甲午(丙10 己11 丁10)

死 진신(進神) 상관사궁(傷官死宮) 홍염살(紅艶殺) 현침(懸針)

상관(傷官)의 기세가 여과 없이 표출되므로 자신의 재능을 과신하고 구덕(口德)의 흠(欠)을 보이거나 타인을 무시하는 경향이 있다. 반면 자신의 마음에 들면 매우 잘 하고, 월등한 상대를 만나면 완전하게 굴복한다. 오중(午中) 己土인 정재(正財)와 합토(合土)하므로 재물에 대한 집착이 강하고 인색한 성향을 드러내기도 한다. 대개 영리하고 수단이 좋으며, 언변과 재치가 뛰어나다. 용기가 있어 보이나 담력은 적은 편.

일지 오마(午馬)는 객지 생활이나 분주다망(奔走多忙)을 암시하기도 한다. 인정이 많고 다정다감하며 적응력이 빠르다. 다정(多情)이 병(病)이 되어 내 것을 주고도 좋은 소리를 듣지 못하는 경우가 있으므로 처세나 일의 순서 면에서 답답해 보일 때가 있다. 비밀 없이 행동하므로 손해를 보는 격이다. 탕화(湯火)는 때때로 자신을 비관하는 성향을 의미한다. 용두사미(龍頭蛇尾)나

지구력이 부족한 특징을 보이기도 한다.

상관(傷官) 홍염(紅艶)으로 미모(美貌)와 센스를 타고나는 유형이다. 남자의 처궁(妻宮)은 상관생재(傷官生財)에 암합(暗合)으로 도처에 미인이니 부부의 해로가 어렵고, 처권(妻權)이 강하기 십상이다. 여명(女命)은 남편으로 인한 근심이 있는 상으로 명중(命中)에 관성(官星)이 유기하지 않으면 남편의 덕(德)을 기대하기 어렵다. 남자를 이기는 기질이 농후하고, 주로 자기 주장하며 산다. 현침(懸針)은 자손궁의 비애를 암시하는 요인이 되기도 한다.

神殺 註

<u>진신(進神)</u>

갑자(甲子), 기묘(己卯), 갑오(甲午), 기유(己酉) 일로 육십갑자의 15位 간격 순으로 구성된다. 이는 자신이 하고 싶은 일을 골라하니 즐겁다는 길성(吉星)으로 냉철하며 문장력이 뛰어나다. 혹 관재수가 동하기도 한다.

<u>상관사궁(傷官死宮)</u>

갑오(甲午)와 경자(庚子) 일주의 여자는 동주사(同柱死)에 상관의 성분이 상존하여 이는 남편을 추방한다는 뜻이니 심하면 상부(喪夫)하고 독수공방(獨守空房)하게 된다는 것인데 외견은 고고(孤高)하고 도도하다.

홍염살(紅艶殺)

갑오(甲午), 병인(丙寅), 정미(丁未), 무진(戊辰), 경술(庚戌), 임신(壬申), 임자(壬子) 일주가 홍염에 해당된다. 작용력은 도화와 유사하며, 외정(外情)이 두려울 지경에 이르기도 한다. 여명은 기생(妓生), 남명은 작첩(作妾)한다는 암시가 있고 이성에게 호감을 사는 매력이 따른다.

현침살(懸針殺)

甲, 申, 卯, 午, 辛 이 다섯 자를 현침(懸針)이라 한다. 의약업계, 군인, 양복점 등 의류제조업으로 성공하며 가사, 이·미용에도 솜씨를 발휘한다. 흉한 작용으로는 몸을 잘 다치고 심하면 총에 맞거나 칼에 찔려 죽고 교통사고도 당한다. 時에 현침이 겹치면 그 작용력이 무척 강하다.

필살기(必殺技)

1. 분목(焚木)은 학문에 대한 갈증을 의미하고, 탕화(湯火)는 때때로 비관함을 암시한다.
2. 처궁(妻宮)이 좋지 않아 해로(偕老)하기 힘겹고, 도처에 미인(美人)을 두는 격이다.
3. 남편이나 자손궁에 근심이 있고, 기예(技藝) 방면에 남다른 소질이 있다.

타이밍(timing)

☞ 吉日時는 거래, 매매, 합의, 투자에 적합한 시간대로 활용하고, 凶日時는 투자나 매매 행위 일체는 피하고 가급적 휴식함이 좋지만, 원거리 이동, 운동, 노동 등의 힘의 소모로 대처함이 좋다.

☞ 甲辰, 乙巳, 丙申, 丁亥, 戊戌, 己丑, 庚辰, 辛巳, 壬申, 癸亥日은 십악대패일(十惡大敗日)로 택일 상 적합치 않은 일진이다.

吉日 : 未日, 戌日

吉時 : 13시 30분에서 15시 30분 사이

凶日 : 子日, 辰日

凶時 : 23시 30분에서 01시 30분 사이

결혼, 이사, 개업 擇日 : 甲寅일, 乙卯일, 丙寅일, 丁卯일, 戊寅일, 己卯일, 壬寅일, 癸卯일

질병(疾病)

간장, 비위 계통이 약하고, 술을 너무 좋아하는 게 흠이다. 신경 쇠약, 심장병, 두통, 고혈압, 해소, 천식 등으로 고생하는 수가 있다. 현침(懸針)과 탕화(湯火)가 겹치면 화상(火傷)의 흉터나 자국을 두기 쉽고 화재(火災)도 조심해야 한다.

甲: 쓸개, 머리, 수염, 머리카락

午: 정신, 심장(心腸), 눈

직업(職業)

교육, 군경(軍警), 예술, 의약계, 섬유, 전기, 요식업, 화공 계통이 적합하다. 상관(傷官), 기술성(技術星)은 손재주와 기술을 의미하고, 건축, 중개업, 영사기, 가수, 통역, 운수업 등에 인연을 두기 쉽다. 명식에 금기(金氣)가 있으면 침술(鍼術)로 득명(得名)한다.

32 乙未(丁9 乙3 己18)

養 백호대살(白虎大殺) 곡각(曲脚) 신병살(身病殺) 단장관(斷腸關)

乙未는 다양한 상의(象意)를 함유한다. 먼저 간극지(干剋支)하고 "갈대밭의 갈대" 상으로 일관성이 없어 생각처럼 결과가 따르지 않는 경향이 있다고 본다. 또한 "사막의 선인장"과 같은 편고(偏枯)함으로 남녀 공히 파란만장한 고생을 겪게 되는 불우함이 따른다고 한다. 한편 乙未 양(養)은 "대지 위의 초목"과 같이 발전하는 형상이니, 이재(理財) 능력을 갖추고 자수성가(自手成家)함을 의미한다.

일점 수기(水氣)가 없으니, 흰머리가 많고 목이 타는 인후병(咽喉病) 등에 노출되기 쉽다. 인정이 많고 두뇌가 명석하니 일독십지(一讀十知)라, 학문과 예술 계통에도 뛰어난 소질이 있다. 지구력은 약한 편으로 일말의 심술이 있는데, 음식이나, 의복 등에 까탈을 부릴 때가 있다. 남자는 처궁(妻宮)이 불안하여 처를 고생시키거나, 처가 병액(病厄) 등으로 고생하는 수가 많다. 미역성

(未驛星)으로 분주하고, 처도 경제적인 활동으로 바쁘게 산다. 해로하기가 힘겹고, 첫 부인과 사별(死別)하는 경우가 있다. 귀자(貴子)를 두기 쉽지 않고 덕이 없는 편이다.

곤명(坤命)은 천상과부(天上寡婦)라, 고독하고 신병살(身病殺)로 병이 많이 따른다. 이재(理財)에 밝고, 일확천금(一攫千金)의 투기성도 있으며, 부동산, 화장품, 일수, 도박 등과 인연이 많다. 또한 꿈을 많이 꾸는 등 특별한 영감이 있다. 남편궁은 부실하나 자녀에 대한 애착은 따를 자가 없고, 시모(媤母)와 화합은 기대하기 어렵다.

神殺 註

<u>백호대살(白虎大殺)</u>

갑진(甲辰), 을미(乙未), 병술(丙戌), 정축(丁丑), 무진(戊辰), 임술(壬戌), 계축(癸丑)의 일곱 개의 조합을 白虎라 하고 이는 기문학(奇門學)의 구성반(九星盤)에 중궁수(中宮數)이므로 명식 중에 이 살이 있으면 해당 육친의 혈광지사(血光之死)와 한을 품은 죽음을 겪는 흉포한 살성이라 할 수 있다. 일주에 있으면 괴강과 같이 성정이 강하고 과격성을 드러낼 수 있어도 남들의 부러움을 사는 기이한 발복이 있을 것이다.

곡각살(曲脚殺)

乙, 己, 巳, 丑 위의 네 자가 명식에 있으면 곡각(曲脚)이라 하는데 이는 사고나 병으로 인하여 수족을 못 쓰거나 절단되는 것을 말한다. 또 신경통 등으로 수족에 이상이 있는 것도 포함된다.

신병살(身病殺)

을사(乙巳), 을미(乙未), 기사(己巳)가 일시(日時)에 있으면 병이 끊이지 않고, 늘 몸이 아프다는 암시가 강하다.

단장관(斷腸關)

갑오(甲午), 을미(乙未), 병진(丙辰), 정사(丁巳), 기묘(己卯), 경인(庚寅), 계축(癸丑) 일로 대장(大腸)이나 소장(小腸) 계의 질환으로 고생할 암시가 있다는 조합이다.

필살기(必殺技)

1. 어려서 잔병(殘病)치레를 하고, 일찍 부모를 떠나 고생하는 등 파란만장하다.
2. 부친궁에 횡액이 예견되며, 일찍 이별하거나 아니면 중년 이후 부친 뒷바라지한다.
3. 곤명(坤命)은 고독하고 병이 많이 따르는 유형으로 자궁병이 염려된다.

타이밍(timing)

☞ 吉日時는 거래, 매매, 합의, 투자에 적합한 시간대로 활용하고, 凶日時는 투자나 매매 행위 일체는 피하고 가급적 휴식함이 좋지만, 원거리 이동, 운동, 노동 등의 힘의 소모로 대처함이 좋다.

☞ 甲辰, 乙巳, 丙申, 丁亥, 戊戌, 己丑, 庚辰, 辛巳, 壬申, 癸亥日은 십악대패일(十惡大敗日)로 택일 상 적합치 않은 일진이다.

吉日 : 申日, 卯日

吉時 : 05시 30분에서 07시 30분 사이

凶日 : 丑日, 辰日

凶時 : 01시 30분에서 03시 30분 사이

결혼, 이사, 개업 擇日 : 甲寅일, 乙卯일, 丙寅일, 戊寅일, 己卯일, 庚寅일, 癸卯일

질병(疾病)

간담(肝膽), 식도(食道), 비후(鼻喉) 계통, 축농증, 신경성 위장염 등으로 고생하는 경우가 많다. 간혹 근(根)이 마르는 원인으로 간질(癎疾)의 증세를 보이기도 한다.

乙: 간(肝), 두발, 음모(陰毛), 손가락, 목덜미

未: 위장(胃腸), 명치, 척추

직업(職業)

외과의, 학자, 예술, 카피라이터, 비활동적인 직업, 교육, 승려, 당구장, 부동산, 서점 등에 인연이 있고, 재정 계통이나 체신공무원에서 종종 보는 일주로 한 직장에 오래 있지 못하는 기질이 있다. 보통 조토(燥土)는 큰 재복(財福)을 암시하지는 않는다.

33 丙申(戊7 壬7 庚14)

病 관귀학관(官貴學官) 암록(暗祿) 문창귀인(文昌貴人) 낙정관(落井關)

대개 이마가 넓고 상대방에게 시원한 인상을 주는 유형이 많다. 일지(日支) 지살(地殺)로 일찍 고향을 떠나고, 문창(文昌)이니 지혜로우며 지성(知性)을 갖춘다. 이재능력(理財能力)이 뛰어나고, 활동성이 강하니 무역, 외교, 관광 계통으로 진출하면 가하다. "불이 쇠를 녹여 기물을 만든 형상"이니 다재다능하고, 타인을 모방하는 데는 일가견이 있다. 관귀학관(官貴學官)은 출세나 승진이 빠를 것을 암시한다.

호화롭고 화려한 것을 좋아하며, 미식(美食)을 즐긴다. 천고(天孤)의 성분은 배우자보다 다른 상대를 동경하는 성향을 암시한다. 재능이 너무 많아 오히려 한 곳에 집중하거나, 안주하지 못하는 불안정한 상황을 연출하기 쉽다. 낙정관(落井關)이 있으니 수액(水厄)이 염려된다. 지지(地支)에 寅申巳亥, 역마(驛馬)의 글자가 많으면 객사(客死)하는 경우도 있다. 아무튼 丙申일주는 수재(水災)와 화재(火災)가 염려되므로 물가에서는 각별히 조심해야 한다. 보험(保險)을 미리 가입해 두는 게 좋다.

남명(男命)은 영웅(英雄)격으로 공명심과 출세욕이 강하며, 사교적이고 활기차다. 처덕(妻德)이 두텁고, 처권(妻權)이 강하다. 총각득자(總角得子)할 가능성도 있다. 자손은 귀하게 되며 가문(家門)을 빛내게 된다. 여성의 경우 동서남북을 주유하며 일을 하는 중에 이성과 애정(愛情) 관계를 갖는 경우가 많다. 내조(內助)가 훌륭하고, 남편에게 헌신하는 형이다. 시가(媤家)의 식구들로 인해 마음의 상처를 입기 쉬우며, 병궁(病宮)에 현침(懸針)이라, 자칫 건강에 이상이 있어 불구(不具)가 될 우려도 있다.

神殺 註

관귀학관(官貴學官)

지혜가 밝고 학문이 뛰어나 교육자로 성공하거나 공무원이 되면 승진이 매우 빨라 입신출세(立身出世)한다는 길성으로 고위직에 오른다는 암시가 있다.

암록(暗祿)

暗綠은 正祿을 합하는 글자를 말함인데, 암록은 재물에 궁함이 없고 보이지 않는 귀인의 조력으로 평생 안락하다는 것이다. 일주로는 병신(丙申), 정미(丁未), 무신(戊申), 기미(己未), 임인(壬寅), 계축

(癸丑) 등이 있다.

문창귀인(文昌貴人)

총명하여 공부를 잘하고 학문을 통해 직위를 가질 수 있으며 모든 흉살(凶煞)을 만나도 길신(吉神)으로 변하고, 추리력, 발표력, 예지력이 뛰어나고 女命이면 소녀시절에 문학에 심취한다.

여연살(女戀殺)

을축(乙丑), 정축(丁丑), 병신(丙申), 기미(己未), 경인(庚寅), 신미(辛未), 임인(壬寅), 임신(壬申) 일주의 여자는 배우자 몰래 다른 애인을 숨겨 둘 여지가 있으므로 망신을 살 우려가 있다.

필살기(必殺技)

1. 명랑하면서도 우울한 증세가 있다. 심하면 정신 질환을 유발한다.
2. 일지(日支) 편재(偏財)로 처외유첩(妻外有妾)라, 본처와 공방수(空房數)를 겪기 쉽다.
3. 여성은 시가(媤家)에서 살거나, 시어머니나 시누이에게 부대끼기 쉽고, 잔병치레한다.

타이밍(timing)

☞ 吉日時는 거래, 매매, 합의, 투자에 적합한 시간대로 활용하

고, 凶日時는 투자나 매매 행위 일체는 피하고 가급적 휴식함이 좋지만, 원거리 이동, 운동, 노동 등의 힘의 소모로 대처함이 좋다.

☞ 甲辰, 乙巳, 丙申, 丁亥, 戊戌, 己丑, 庚辰, 辛巳, 壬申, 癸亥日은 십악대패일(十惡大敗日)로 택일 상 적합치 않은 일진이다.

吉日 : 酉日, 亥日

吉時 : 01시 30분에서 03시 30분 사이

凶日 : 寅日, 巳日

凶時 : 03시 30분에서 05시 30분 사이

결혼, 이사, 개업 택일(擇日) : 乙卯일, 丁卯일, 己卯일, 辛卯일

질병(疾病)

丙申 일주는 폐, 대장, 소장, 관절 등의 질병을 조심해야 하며 심장이 약하고, 불면증에 시달리는 경우도 있다. 대개 시력이 약하기 쉽고, 모선망(母先亡)일 경우가 많다.

丙: 소장(小腸), 어깨

申: 폐(폐), 대장(大腸), 경락

직업(職業)

해외와 연관이 있고, 재정 계통과, 무관(군인), 외국상사 등에

적합하다. 외화 획득에 능하다. 기계, 무역, 운수업 등에도 인연이 있고, 교육, 의약계, 문인, 교수직 등과도 유관하다. IT, 컴퓨터 관련 사업과도 잘 매치되며, 동서남북을 주유하며 장사를 하는 사람들도 많다.

34 丁酉(庚10 辛20)

生 천을귀인(天乙貴人) 문창귀인(文昌貴人) 복성귀인(福星貴人) 학당귀인(學堂貴人)

마음이 순진하고, 천진스러운 매력(魅力)이 잇다. 보통 용모가 단정하고 간사(奸邪)함이 없으며 학문에 열중하고 부모의 덕은 있으나, 형제의 덕은 두텁지 않다고 했다. 해시(亥時)생이면 야귀(夜貴)라 해서 명월지상(明月之象)이라, 미모(美貌)를 갖추고 길함이 배가된다. 한 마디로 丁酉는 재좌호명(財座好命)이라 할 수 있다. 일생 동안 금전의 궁핍이 없으나 간혹 과다한 지출로 혼자 고민할 때가 있다. 그러나 일귀(日貴)는 어려움을 당했을 때 항상 주의로부터 도움을 받는다는 암시가 있어 문제가 없다.

"앞길을 밝히는 등불"의 상은 남의 덕을 보기 이전에 자신이 먼저 베푸는 것을 의미한다. 중년 이후에는 명성(名聲)과 횡재(橫財)를 기대해 볼 수도 있다. 문창(文昌)으로 지혜 총명하고 문장에도 일가견이 있어 귀인 타입으로 타인의 호감을 산다. 丁은 부드러우나, 酉는 숙살(肅殺)이므로 내심 일도양단(一刀兩斷)하는 속성이 있다. 건명(乾命)은 좋은 아내를 맞이하나, 외방(外房)의 첩(妾)을 두는 형상이고, 몸에 흉터나 수술 자국을 남길 수 있다. 이는 활인(活人)을 해야 액(厄)을 면하는 것이다. 곤명(坤命)은 부군(夫君)의 풍류(風流)를 면할 길이 없는데, 여타의 일주(日柱)에 비해서 단연 좋다고 할 수 있다. 남편을 잘 보살피는 현처(賢妻)로 손색이 없다.

神殺 註

천을귀인(天乙貴人)

일귀(日貴)에 정유(丁酉)일, 정해(丁亥)일, 계사(癸巳)일, 계묘(癸卯)일이 있다. 사람됨이 순수하고 자태가 아름다우며 착하고 덕이 있으며 오만하지 않는다. 복록이 두텁고 배우자의 덕이 있다.

문창귀인(文昌貴人)

총명하여 공부를 잘하고 학문을 통해 직위를 가질 수 있으며 모든 흉살(凶煞)을 만나도 길신(吉神)으로 변하고, 추리력, 발표력, 예지력이 뛰어나고 女命이면 소녀시절에 문학에 심취한다.

복성귀인(福星貴人)

갑인(甲寅), 을축(乙丑), 병자(丙子), 정유(丁酉), 무신(戊申), 기미(己

未), 경오(庚午), 신사(辛巳), 임진(壬辰). 계묘(癸卯)의 간지 조합을 복성귀인이라 하고 수복(壽福)을 뜻하는 길신이므로 일생 동안 복록이 따르는 편이며 부귀장수 한다는 것이다. 복성귀인은 시지(時支)에 있으면 더욱 좋다.

학당귀인(學堂貴人)

학당귀인은 일간(日干)의 장생궁으로 학문을 즐겨하고 문장이 수려하며 학자나 교육자로 진로를 정하면 길하다.

태극귀인(太極貴人)

갑자(甲子), 갑오(甲午), 정묘(丁卯), 정유(丁酉), 무진(戊辰), 무술(戊戌), 기축(己丑), 기미(己未), 경인(庚寅), 신해(辛亥), 임신(壬申), 계사(癸巳) 일이 태극귀인에 해당되며, 태극은 시종(始終)을 의미하여 종래 성과를 거두는 기쁨을 암시한다.

필살기(必殺技)

1. 철쇄개금(鐵鎖開金)의 학당(學堂)은 학문을 즐겨하고, 그로써 적덕(積德)을 쌓는 것이다.
2. 호인(好人) 형으로 부모덕은 있으나, 형제 덕은 없으며 양처(良妻)를 두게 된다.
3. 결혼하면 시가(媤家)가 발흥(發興)하고, 현모양처(賢母良妻)로 내조(內助)를 잘 한다.

타이밍(timing)

☞ 吉日時는 거래, 매매, 합의, 투자에 적합한 시간대로 활용하고, 凶日時는 투자나 매매 행위 일체는 피하고 가급적 휴식함이 좋지만, 원거리 이동, 운동, 노동 등의 힘의 소모로 대처함이 좋다.

☞ 甲辰, 乙巳, 丙申, 丁亥, 戊戌, 己丑, 庚辰, 辛巳, 壬申, 癸亥日은 십악대패일(十惡大敗日)로 택일 상 적합치 않은 일진이다.

吉日 : 酉日, 亥日

吉時 : 19시 30분에서 21시 30분 사이

凶日 : 卯日, 巳日

凶時 : 05시 30분에서 07시 30분 사이

결혼, 이사, 개업 택일(擇日) : 甲寅일, 丙寅일, 戊寅일, 庚寅일, 壬寅일

질병(疾病)

심장과 간장이 허약하여 안경을 써야 하고, 금기(金氣)가 극상(剋傷)을 받으면 하혈(下血), 토혈(吐血), 치질 등 피를 보는 수가 있다. 癸水가 투(透)하면 안질(眼疾)을 겪어본다.

丁: 심장(心腸)

酉: 소장(小腸), 정랑, 난소(卵巢), 코, 인후(목구멍), 폐(肺)

직업(職業)

법조계, IT 계통이 적합하고, 금융기관, 관광, 무역, 패션디자이너, 금은세공, 양은기물, 비철금속 계통과 인연을 맺기도 한다. 철쇄개금(鐵鎖開金)으로 치과의사, 성형의 등도 길하며 소식통, 기자, 보도국장 등의 직종도 가하다. 丁火, 주작(朱雀)은 대개 말을 잘 하므로 교육 계통도 적성에 부합된다. 이외 이발사, 미용사, 돈놀이, 당구장, 쌀가게, 완구점 등과 인연이 있고 파격(破格)이 되면 창기(娼妓)가 되기도 한다.

35 戊戌(辛9 丁3 戊18)

墓 태극귀인(太極貴人) 괴강(魁罡) 과살(戈殺) 음욕(陰慾)

신뢰(信賴)할만한 성정(性情)으로 신망이 두터우며, 근면하고 학예(學藝)도 뛰어나다. 완고한 성품에 타인의 일이라면 발 벗고 나서니 자연 가정에는 소홀하게 되고, 입묘(入墓)로 수집에도 일가견이 있다. “산 위의 산”이니 태산(泰山)이라, 높은 차원을 생각하고 속세를 떠나려는 기질을 내포한다. 책임 의식이 강하고, 행동이나 마음의 시비가 분명하다. 반음설기(反吟洩氣)의 상은 타인의 행동을 간섭하고 참견하는 경우가 많음을 시사한다.

자상(字象)으로는 창(戈)의 글자가 두 개나 겹치므로 다치기 쉽고, 수술하는 경우가 많다고 하며 형제를 잃기도 한다. 창 모양의 뾰족한 쇠붙이에 상신(傷身)하므로, “개에게 물리는 상”으로 비유되기도 한다. 활인(活人)해야 액(厄)을 면한다. 양토(陽土)의 비화(比和)로 자만심과 독선적인 경향이 짙은데, 천한 사람들과는 잘 어울리는 특성이 있다. 순할 때는 순하지만 화가 나면 정말 무서운 사람이다.

처(妻)에게는 매정하고, 고생시키는 유형이다. 여성도 총명하나 고집으로 망하니 자기 수양이 필요하다. 남편 문제로 인한 근심은 면하기 어렵다. 가정보다 종교가 좋고, 타자부양(他子扶養)은 신금(辛金)에 연유한다. 친모봉양(親母奉養)에 어머니의 가슴에 못을 박는 일은 인수고(印綬庫)이기 때문이며, 친정 형제가 떠날 사이가 없음은 비겁(比劫)을 동반하는 탓이다.

神殺 註

<u>태극귀인(太極貴人)</u>

갑자(甲子), 갑오(甲午), 정묘(丁卯), 정유(丁酉), 무진(戊辰), 무술(戊戌), 기축(己丑), 기미(己未), 경인(庚寅), 신해(辛亥), 임신(壬申), 계사(癸巳) 일이 태극귀인에 해당되며, 태극은 시종(始終)을 의미하여 종래 성과를 거두는 기쁨을 암시한다.

<u>괴강(魁罡)</u>

경진(庚辰)일, 임진(壬辰)일, 무술(戊戌)일, 경술(庚戌)일을 두고 괴강이라 한다. 辰은 천강(天罡), 戌은 하괴(河魁)가 되어 음양 절멸(絶滅)의 땅이다. 경(經)에 이르길 괴강격은 무리 중에서 남보다 뛰어나며 발복(發福)이 빠르다고 했다. 사람이 총명(聰明)하고 문장력이 있으며, 일에 임(臨)하여 과단성이 있고 권세를 지향하는 속성이 강하다.

과살(戈殺)

무술(戊戌)이 일시(日時)에 있는 경우를 말하며 몸에 큰 흉터를 지니게 됨을 암시한다. 중상(重傷), 중병(重病)으로 인한 수술을 하게 된다는 의미가 강하다.

음욕살(淫浴殺)

무술(戊戌), 신묘(辛卯), 정미(丁未), 을묘(乙卯), 기미(己未), 계축(癸丑), 경신(庚申) 일주는 음욕이라 하여 말 그대로 음흉하고 색정적인 기질을 내포할 가능성이 있다. 여성이 이에 해당되면 유흥가 등으로 진출할 소지가 있고, 남성의 경우는 재혼하는 사례가 많다.

필살기(必殺技)

1. 천문(天門)은 뛰어난 영감(靈感)을, 辛金의 괴강상관(魁罡傷官)은 노기(怒氣)를 뜻한다.
2. 간여지동(干如支同)에 조토(燥土)는 초혼실패(初婚失敗)와 처(妻)의 병치레를 의미한다.
3. 낙태(落胎) 수술을 하기 쉬우며, 지나치면 자궁병(子宮病)에 무자팔자(無子八字) 된다.

타이밍(timing)

☞ 吉日時는 거래, 매매, 합의, 투자에 적합한 시간대로 활용하고, 凶日時는 투자나 매매 행위 일체는 피하고 가급적 휴식함이 좋

지만, 원거리 이동, 운동, 노동 등의 힘의 소모로 대처함이 좋다.

☞ 甲辰, 乙巳, 丙申, 丁亥, 戊戌, 己丑, 庚辰, 辛巳, 壬申, 癸亥 日은 십악대패일(十惡大敗日)로 택일 상 적합치 않은 일진이다.

吉日 : 午日, 卯日

吉時 : 13시 30분에서 15시 30분 사이

凶日 : 辰日, 巳日

凶時 : 07시 30분에서 09시 30분 사이

결혼, 이사, 개업 택일(擇日) : 乙卯일, 丙寅일, 丁卯일, 戊寅일, 己卯일, 壬寅일, 癸卯일

질병(疾病)

과살(戈殺)로 인한 골절 등을 겪기 쉬우며, 위장병, 신경마비, 대장염, 천식, 고혈압, 간염 등의 질병에 걸릴 우려가 있다.

戊: 위(胃), 갈비

戌: 명문(命門), 복숭아뼈, 자궁, 폐(肺)

직업(職業)

군인, 경찰, 검찰, 의사, 약사, 정치인, 교육 계통에 입신(立身)하는 경우가 많다. 종교, 신앙에도 인연이 깊으니 목사나 승려가 되기도 한다. 토산품, 부동산, 고서화, 종교서적 등과 인연을 갖기 쉽고, 동업은 피하라고 했다. 친구 잃고 돈 잃는다.

36 己亥(戊7 甲7 壬16)

胎 관귀학관(官貴學官) 의처의부(疑妻疑夫) 취명관(取命關) 곡각(曲脚)

사상(思想)이 건전하고, 의관이 단정하며 두뇌도 총명하나 내심 비밀이 있으므로 겉과 속이 다를 염려가 따른다. 재복(財福)은 있는 편으로 돈 걱정은 없으며, 인정이 많다. "흙, 돌, 바위 등이 물과 합작해서 변한 물상"이니 타인에게 속기 쉽고, 고향을 떠나 객지 생활하기 쉽고 항시 먼 곳에 여행을 하고 싶은 마음이 있으며 해외 출입하게 된다. 천문(天門)은 신앙에 독실(篤實)하고, 꿈이 잘 맞으므로 생활에 응용할 필요가 있다. 재(財)가 역마(驛馬)지에 임(臨)하면, 외식(外食)을 즐기게 된다.

건명(乾命)은 총명하고 건전한 귀인지상(貴人之象)으로 법관, 의사, 공직 등에서 대성(大成)하기도 하는데, 활인(活人) 계통이 아니면 일생을 통해 중년 이전에 형액(刑厄)을 당하기도 하므로 조심해야 한다. 일지(日支) 라망(羅網)은 스스로 묶는다는 암시가 있고, "亥위의 己"는 불안한 구조이다. 처(妻)는 활동적이고, 대개 처권(妻權)이 강하며 소위 "마누라 잡기"가 어렵다는 형이다.

곤명(坤命)은 남편을 의심하는 경우가 많고, 명암부집(明暗夫集) 되면 자식을 두고 개가(改嫁)하는 일이 있어 부부간 파란이 많은 일주(日柱)가 된다. 해중(亥中) 甲木이 남편이니 간혹 배를 타는 경우가 있고, 연애결혼에 국제결혼을 하는 수도 있다. 형(刑)의 암시가 짙으므로 배우자가 형액(刑厄)을 당하기 쉬우며, 시주(時柱) 己亥는 자식이 형(刑)을 겪는다는 암시가 있다. 자의(字意) 상, 항상 밖에 나가기를 즐기고, 위기에 처하면 합덕귀인(合德貴人)으로 인해 천우신조(天佑神助)의 혜택을 입어 구제된다고 한다.

神殺 註

<u>관귀학관(官貴學官)</u>

지혜가 밝고 학문이 뛰어나 교육자로 성공하거나 공무원이 되면 승직이 매우 빨라 입신출세(立身出世)한다는 길성으로 고위직에 오른다는 암시가 있다.

<u>의처의부(疑妻疑夫)</u>

갑오(甲午), 병술(丙戌), 무진(戊辰), 경진(庚辰), 임술(壬戌) 일주의 남자와 을사(乙巳), 정해(丁亥), 기해(己亥), 신사(辛巳), 계해(癸亥) 일주의 여자는 배우자에게 집착하는 경향이 있다. 내심 배우자의

이성 관계를 의심하기도 한다.

취명관(取命關)

어린이들이 사당이나 절 등에 가면 떠도는 혼령에 의해 질병을 얻을 수 있다 하여 小兒關殺符로 많이 쓰이는데, 10세가 지나면 액이 소멸되는 것으로 의학이 발전하지 않았던 과거 시절에 주로 쓰였다.

곡각살(曲脚殺)

乙, 己, 巳, 丑 위의 네 자가 명식에 있으면 곡각(曲脚)이라 하는데 이는 사고나 병으로 인하여 수족을 못 쓰거나 절단되는 것을 말한다. 또 신경통 등으로 수족에 이상이 있는 것도 포함된다.

필살기(必殺技)

1. 비위가 약하고 허리가 아프며 겉은 명랑해도 내심 우울하고, 비밀이 있다.
2. 총각득자(總角得子)에 차중연애(車中戀愛), 국제연애(國際戀愛)를 해 보는 명이다.
3. 재관이덕(財官二德)의 양처(良妻) 형이나, 탐관(貪官)으로 남편 문제로 근심이 있다.

타이밍(timing)

☞ 吉日時는 거래, 매매, 합의, 투자에 적합한 시간대로 활용하고, 凶日時는 투자나 매매 행위 일체는 피하고 가급적 휴식함이 좋지만, 원거리 이동, 운동, 노동 등의 힘의 소모로 대처함이 좋다.

☞ 甲辰, 乙巳, 丙申, 丁亥, 戊戌, 己丑, 庚辰, 辛巳, 壬申, 癸亥日은 십악대패일(十惡大敗日)로 택일 상 적합치 않은 일진이다.

吉日 : 子日, 申日

吉時 : 07시 30분에서 09시 30분 사이

凶日 : 巳日, 辰日

凶時 : 09시 30분에서 11시 30분 사이

결혼, 이사, 개업 택일(擇日) : 甲寅일, 丙寅일, 丁卯일, 戊寅일, 己卯일, 辛卯일, 癸卯일

질병(疾病)

건강해 보이지만, 비위가 약하고 시력과 심장이 약하다. 원인은 위장에 있으니 위장병을 다스리는 게 우선이다. 천문(天門) 지망(地網)으로 머리가 아프기도 하고, 신경 장애를 겪기도 한다.

己: 비장(脾臟), 배

亥: 머리, 고환(睾丸), 항문, 생식기

직업(職業)

관직, 의사, 소아과, 산부인과, 무역업, 재정, 법관, 외교, 외국상사 등의 근무가 적합하고, 관귀학관(官貴學官)으로 인해 승진이 빠른 특징이 있다. 무역, 수산, 원양어업, 또는 운수, 식품 등도 좋다.

37 庚子(壬10 癸20)

死 상관사궁(傷官死宮) 낙정관(落井關)

의리지상(義理之象)이라. 의리가 있고 강자에 강하며, 약자에 약한 유형이다. 일지(日支) 상관(傷官)은 하극상(下剋上)의 기질을 내포하고 있으며, 의약계, 방송언론계, 교육자에서 주로 발견되는 일주(日柱). 예리한 비판력을 갖추고 있으며 다재다능(多才多能)하고 문장이나 언어가 수려한 특징이 있다. 금한수냉(金寒水冷)은 외화내빈(外華內貧)의 상으로 겉은 견고하고 화려할지언정 내면은 늘 고독한 기운이 감돌게 된다.

간혹 주위를 생각지 않고 자신의 주장만 하는 경우나 본의 아니게 타인의 마음에 말로써 상처를 입히는 경향이 있다. 청백(淸白)함은 높이 살만하나, 고립을 자초하는 동기가 되며, 경원(敬遠)의 대상이 되기도 한다. "쥐가 곡창에 있지 아니하고 절벽에 있는 상"이니 유시무종(有始無終)이 되기 쉽다. 마음이 고르지 못하고 인색할 때는 한없이 인색하고 냉정한 면이 있으나 후할 때는 한없이 후하다. 자신에게 필요하면 아주 잘하고, 이익이 없으면 냉혹한 면을 띄기도 한다. 상관(傷官)이 제화(制化)됨이 없이 조습(燥濕)의 균형이 깨지면 이기심과 질투심 등의 작용이 강하게 일어난다.

상관도화(傷官桃花)는 처(妻)의 미모를 의미하고, 처궁(妻宮)이 약간 불안한 편으로 색난(色難)의 조짐을 보이기도 하나 배우자에게 잘 하는 편이다. 여성은 대개 피부가 희고 고운 미인 형이 많다. 총명하고 신경이 예민한 편으로 남편을 능멸하는 속성이 있고, 이기적인 유형이다. 자칫하면 뇌봉뇌별(雷逢雷別)이라, 싫증이나 권태를 빨리 느끼는 형이다. 자손궁도 부실한 편인데 이는 화관(火官)이 金水에 빠지기 때문이다. 곤명(坤命)은 남편의 덕이 없고, 상관사궁(傷官死宮)은 남편을 추방하고 내 주장하면서 사는 것을 의미한다. 이성을 보는 눈은 높으나, 실제 남편은 기대 이하로 나타나기 십상이다. 남편의 자리에 자식이 있는 형국으로 남편의 부족함을 자식으로 채우려한다. 득자부별(得子夫別)이 두려운 것이다.

神殺 註

상관사궁(傷官死宮)

갑오(甲午)와 경자(庚子) 일주의 여자는 동주사(同柱死)에 상관의 성분이 상존하여 이는 남편을 추방한다는 뜻이니 심하면 상부(喪

夫)하고 독수공방(獨守空房)하게 된다는 것인데 외견은 고고(孤高)하고 도도하다.

낙정관(落井關)

甲己일에 난 사람이 巳를 만나거나, 乙庚일에 난 사람이 子를 만나거나, 丁壬일에 난 사람이 戌을 만날 때, 그리고 戊癸일생이 卯를 보는 경우에 낙정관살이 설립되는데, 이 살은 수재(水災)나 익수지환(溺水之患)을 당한다는 암시가 있다. 이 살을 가진 사람은 물로 인한 재난에 특별히 조심해야 하고 직업을 선택할 때도 수산업이나 제빙업, 생수사업 같은, 물을 대상으로 삼는 사업은 하지 않는 게 좋다고 한다.

필살기(必殺技)

1. 이박(耳薄)이라, 인정이 많아 보증 등으로 인해 손해를 보거나, 이용당하는 경우가 있다.
2. 옳고 그름을 잘 따지며, 금수쌍청(金水雙淸)의 고고(孤高)한 성품을 지녀 외로운 격이다.
3. 여성은 자궁이 약해 생리가 불순한 편이고(冷帶下症), 출산 후 병을 얻기 쉽다.

타이밍(timing)

☞ 吉日時는 거래, 매매, 합의, 투자에 적합한 시간대로 활용하

고, 凶日時는 투자나 매매 행위 일체는 피하고 가급적 휴식함이 좋지만, 원거리 이동, 운동, 노동 등의 힘의 소모로 대처함이 좋다.

☞ 甲辰, 乙巳, 丙申, 丁亥, 戊戌, 己丑, 庚辰, 辛巳, 壬申, 癸亥日은 십악대패일(十惡大敗日)로 택일 상 적합치 않은 일진이다.

吉日 : 丑日, 辰日

吉時 : 01시 30분에서 03시 30분 사이

凶日 : 午日, 巳日

凶時 : 11시 30분에서 13시 30분 사이

결혼, 이사, 개업 擇日 : 乙卯일, 丁卯일, 戊寅일, 己卯일, 庚寅일, 辛卯일, 壬寅일

질병(疾病)

庚子 일주는 금침(金沈)으로 수액(水厄)을 조심해야 하고, 동상, 풍질(風疾), 호흡기, 폐 계통의 질환에 유의해야 한다. 화기(火氣)가 태약(太弱)하면 뇌출혈 등을 겪을 수 있고, 여성은 자궁이 약하기 십상이다.

庚: 대장(大腸), 배꼽

子: 방광(膀胱), 음부(陰部), 요도(尿道), 귀(耳)

직업(職業)

일지(日支) 장성(將星)으로 권력 계통에 인연을 두는 경우가 종종 있고, 식상(食神)의 성분으로 인해 예술계, 방송언론계, 교육계 등으로 진출하는 경우가 많다. “절벽 아래 흐르는 물의 형상”은 종교, 철학에 심취하는 경향을 의미하기도 한다.

38 辛丑(癸9 辛3 己18)

養 곡각(曲脚) 효신(梟神)

신용(信用)과 의리가 있고, 근면하며 아무리 어려운 일이라도 반드시 결실을 보는 남다른 근기(根氣)가 있다. 첫인상은 다소 냉정해 보이고, 아집(我執)이 대단하다. 효신(梟神)은 조실자모(早失慈母)인데 아니면 편모슬하(偏母膝下)며 부선망(父先亡)에 이복 형제가 있기도 하다. 성격이 꼼꼼하고, 무척 현실적인 성격으로 향후 다가올 일에 대한 생각이 많은 편이다. 남의 일로 인한 걱정이나 고민도 적지 않다. 또한 辛金은 이용 가치가 없으면 냉혹하게 잘라 버리는 기질이 있는데, 흑백(黑白)이 분명하다 볼 수 있다. 이러한 성질은 자기 마음에 드는 상대에 대해서는 최선을 다해 보호할 마음의 준비가 되어 있음을 의미하기도 한다.

일지(日支) 편인(偏印)은 건드리지 않으면 양반이나, 일단 누가 자존심을 건드리면 참지 못한다. 직관적으로 감지하는 능력이 뛰어나므로 대처가 신속하다. 辛金의 특징은 급하고 예리한 성정과 동시에 일단 이성적으로 대처한다는 점에 있다. 자존심을 찾는데 시간은 문제가 되지 않으므로 후일 "두고 보자!"는 식의 독심(毒心)을 품기도 한다. 식신(食神)은 그 방법을 궁리하는 작용을 한다. 한편 탕화(湯火)의 기운이 내재하여 시시로 비관하는 일도 있다.

남명(男命)은 재주와 재치가 있으나 도량이 넓은 편은 아니며 맡은 일에 꼼꼼하고 성실하므로 신용 위주의 삶을 영위하는 편이다. 처덕(妻德)은 있는 편이나, 처궁(妻宮)이 불리하여 편치 않으며, 모처(母妻)의 불화로 고심하는 일이 있다, 남녀 공히 신경이 예민하고, 종교 신앙 등에 깊은 인연을 맺게 된다. 곤명(坤命)은 총명하지만 박복(薄福)한 편으로 인생에 막힘이 많고, 남편과 자식 복이 없으니 세상살이에 락(樂)이 없다는 생각이 들 때가 있다. 친모봉양(親母奉養)에 타자양육(他子養育)은 인수(印綬)와 식신(食神)이 화개(華蓋)지에 임(臨)함이다. 혼전(婚前)에 낙태(落胎)하는 일을 겪기 쉬우니 주의할 일이다.

神殺 註

곡각살(曲脚殺)

乙, 己, 巳, 丑 위의 네 자가 명식에 있으면 곡각(曲脚)이라 하는데 이는 사고나 병으로 인하여 수족을 못 쓰거나 절단되는 것을 말한다. 또 신경통 등으로 수족에 이상이 있는 것도 포함된다.

효신살(梟神殺)

갑자(甲子), 을해(乙亥), 병인(丙寅), 정묘(丁卯), 무오(戊午), 기사(己巳), 경진(庚辰), 경술(庚戌), 신미(辛未), 신축(辛丑), 임신(壬申), 계유(癸酉) 이렇게 12가지의 일주를 타고난 삶은 효신살에 해당되는데, 이 살의 작용은 일찍 생모(生母)와 이별하거나, 어머니가 인연이 없거나 아니면 모처(母妻)가 상호 불화하는 육신의 의미를 지닌다. 효조(梟鳥)란 올빼미를 가리키는데 자라서는 어미 새를 잡아먹는다는 흉한 습성을 가진 새로서 집안에 올빼미나 부엉이의 그림이라든가 박제 등을 두지 않는 것이 좋다고 한다.

필살기(必殺技)

1. 쌍신(雙辛)의 '소뿔' 상은 누군가가 자존심을 건들면 매우 분개하고, 벼르게 됨을 뜻한다.
2. 처자유덕(妻子有德)이나, 모처불합(母妻不合)을 면할 길 없고 처(妻)의 비관이 염려된다.
3. 미모(美貌)로 남편의 사랑을 받으나, 만족이 어렵고 일부종사(一夫從事)가 어렵다.

타이밍(timing)

☞ 吉日時는 거래, 매매, 합의, 투자에 적합한 시간대로 활용하고, 凶日時는 투자나 매매 행위 일체는 피하고 가급적 휴식함이 좋지만, 원거리 이동, 운동, 노동 등의 힘의 소모로 대처함

이 좋다.

☞ 甲辰, 乙巳, 丙申, 丁亥, 戊戌, 己丑, 庚辰, 辛巳, 壬申, 癸亥日은 십악대패일(十惡大敗日)로 택일 상 적합치 않은 일진이다.

吉日 : 寅日, 酉日

吉時 : 19시 30분에서 21시 30분 사이

凶日 : 未日, 辰日

凶時 : 13시 30분에서 15시 30분 사이

결혼, 이사, 개업 擇日 : 甲寅일, 丙寅일, 丁卯일, 戊寅일, 庚寅일, 辛卯일, 壬寅일

질병(疾病)

비위(脾胃), 폐 계통의 질환을 조심해야 하며, 화상의 흉터에 냉증(冷症)이 염려된다. 이 외 담석, 신경통, 우울증, 간질환, 뇌일혈 등을 겪을 수 있으며 수술수(手術數)가 있다. 간혹 약물중독 등을 보이기도 하며, 가스나 화재 사고 등에도 유의해야 한다.

辛: 폐(肺), 다리

丑: 위(胃), 비장(脾臟), 좌측다리

직업(職業)

무관, 교육, 공무원, 학자, 의사 등이 좋으며, "지하에서 철근으로 기초공사를 하는 형상"으로 설계, 비철금속, 문화, 종교 등의 사업이 적합하다.

39 壬寅(戊7 丙7 甲16)

病 관귀학관(官貴學官) 문창귀인(文昌貴人) 천주귀인(天廚貴人) 암록(暗祿)

문창(文昌)에 천주귀인(天廚貴人)은 한 마디로 머리 좋고, 식복(食福)이 있다는 뜻이다. 수기(水氣)가 유동(流動)되어 지혜와 영감(靈感)이 뛰어나다. 학식(學識)이 풍부하고, 배움을 즐기나 장간(藏干)의 구조는 결국 칠살(七殺)로 아신(我身)을 제어하는 격이니 학업이 중단되는 경우로 나타날 때가 있다. 항상 사람이 많이 따르고, 인정이 많아 타인이 어려운 일을 부탁하면 냉정히 거절할 수 없으므로 일생을 통해 종종 피해를 보기도 한다.

총명한 두뇌와 학식으로 상격(上格)은 교수, 무역업 등으로 진출해서 평생 풍족한 생활을 하고, 처덕(妻德)이 두터운 편이다. 일찍 독립하여 성공하는 유형으로 분주다사(奔走多事)하고, 화상(火傷)의 흉터가 있다면 길조(吉兆)가 된다. 행운의 여신(女神)이 함께 하는 격이니 재앙이 침범하기 어렵지만, 간혹 병궁(病宮)으로 "호랑이가 물에 빠진 격"이 되어 신액(身厄)을 당할 수 있다. 그래도 귀인(貴人)의 조우로 위기에서 벗어난다.

곤명(坤命)은 재능과 생활력으로 본인이 가장(家長) 노릇을 하기 쉽다. 동분서주 바쁜 생활을 해야 길하며, 관(官) 공망(空亡)으로 남편 덕은 없어도 귀자(貴子)를 두고, 자식 복은 기대할만하다. 남자로 인해 우는 일이 있다고 했다. 혹은 지나치게 똑똑하여 남편을 꺾는 기질이 나타날까 염려되고, 외국 생활을 경험하기도 한다. 노랑(老郞) 아니면 유랑(幼郞)과 인연이 있고, 탕화(湯火)는 때때로 자신을 비관하거나 감정의 변화가 심해 주변의 근심을 사기도 함을 의미한다. 여연(女戀)으로 배우자를 두고서도 다른 애인을 숨겨 두는 경우도 있다.

神殺 註

관귀학관(官貴學官)

지혜가 밝고 학문이 뛰어나 교육자로 성공하거나 공무원이 되면 승직이 매우 빨라 입신출세(立身出世)한다는 길성으로 고위직에 오른다는 암시가 있다.

문창귀인(文昌貴人)

총명하여 공부를 잘하고 학문을 통해 직위를 가질 수 있으며 모든 흉살(凶煞)을 만나도 길신(吉神)으로 변하고, 추리력, 발표력, 예지력이 뛰어나고 女命이면 소녀시절에 문학에 심취한다.

천주귀인(天廚貴人)

천주귀인(天廚貴人) 설은 淵海子平과 命理正宗이 다르나, 평생 의식이 풍부한 복록이 따른다는 점에서 식신(食神)의 록좌(祿宮)를 일컫는 연해자평 설을 따름이 무난하다. 일주로는 무신(戊申), 기유(己酉), 임인(壬寅), 계묘(癸卯)가 이에 해당된다.

암록(暗祿)

暗綠은 正祿을 합하는 글자를 말함인데, 암록은 재물에 궁합이 없고 보이지 않는 귀인의 조력으로 평생 안락하다는 것이다. 일주로는 병신(丙申), 정미(丁未), 무신(戊申), 기미(己未), 임인(壬寅), 계축(癸丑) 등이 있다.

필살기(必殺技)

1. "밤의 호랑이"는 큰일을 만나도 태연자약하며, 힘과 권력에 아부하지 않는 속성이 있다.
2. 식신생재생살(食神生財生殺)은 장모(丈母)가 와서 딸은 돕는 게 부담스럽다는 의미다.
3. 음식 솜씨는 육십갑자(六十甲子) 중 제일이며 꿈이 적중하는 신기(神氣)가 있다.

타이밍(timing)

☞ 吉日時는 거래, 매매, 합의, 투자에 적합한 시간대로 활용하고, 凶日時는 투자나 매매 행위 일체는 피하고 가급적 휴식함이 좋지만, 원거리 이동, 운동, 노동 등의 힘의 소모로 대처함이 좋다.

☞ 甲辰, 乙巳, 丙申, 丁亥, 戊戌, 己丑, 庚辰, 辛巳, 壬申, 癸亥日은 십악대패일(十惡大敗日)로 택일 상 적합치 않은 일진이다.

吉日 : 卯日, 午日

吉時 : 13시 30분에서 15시 30분 사이

凶日 : 申日, 辰日

凶時 : 15시 30분에서 17시 30분 사이

결혼, 이사, 개업 擇日 : 甲寅일, 丙寅일, 丁卯일, 庚寅일, 辛卯일, 壬寅일, 癸卯일

질병(疾病)

폐가 약하고, 신장, 방광, 간장, 중풍, 고혈압, 당뇨, 갑상선 질환 등을 겪기도 한다. 여성은 자궁질환, 교통사고, 신경통, 중풍, 약물중독 등을 조심해야 하고, 희귀하게 혈증(血症)을 경험하기도 한다.

壬: 방광(膀胱), 경락(經絡), 삼초(三焦)

寅: 쓸개, 손, 머리카락

직업(職業)

교육사업이 가장 좋고, 법정, 외교, 교육, 무역, 전자, IT, 상사 등에서 근무하는 경우도 많다. 이 외 유흥업, 운수업, 관광업, 금융기관 등도 적합한 편이다.

40 癸卯(甲10 乙20)

生 천을귀인(天乙貴人) 복성귀인(福星貴人) 학당귀인(學堂貴人) 문창귀인(文昌貴人)

총명하고, 다정다감하며 오기(傲氣)가 없고, 선한 성정(性情)의 소유자다. 귀인(貴人)의 보필로 안정을 찾으며, 학문에도 열심이고 호감을 사는 인상에 인기가 높다. 겉으로는 강한 척해도 내심은 매우 여리므로 지구력은 약한 편이다. 壬寅 일주(日柱)와 같이 관(官)이 공망(空亡)되지만, 귀인(貴人)과 장생궁(長生宮)은 제살(諸殺)의 작용력을 소멸시키는 것이다. 천성은 착하지만, 간혹 내심 예리한 음기(陰氣)가 작동하므로, 사납게 돌변하기도 한다. 한 번 틀어지면 누구와도 두 번 다시는 상대를 하지 않는다. 낙정관(落井關)이 있으니 수액(水厄) 일체를 조심해야 한다.

영감(靈感)이 발달하고, 지혜가 깊어 새로운 것을 발명해 내는 창의력이 풍부하므로 기획이나 아이디어가 뛰어나다. 한편 사치와 낭비를 일삼는 경우도 있는데, 이때 빨리 결혼을 시키면 안정을 찾게 된다. 지모(智謀)가 출중한 귀상(貴相)으로 상격(上格)이 아니라 해도 평생 재물에 구애됨이 없이 안락하게 지내는 경우가 많다. 남명(男命)은 水 일간에 도화(桃花)를 놓아 본처와 해로(偕老)하기는 쉽지 않다. 자손(子孫)은 연년생의 여식(女息)을 두기 쉽다고 했는데, 자칫 하면 일자(一子) 농아(聾兒)를 둘까 염려된다.

곤명(坤命)은 길명(吉命)이다. 미모(美貌)에 누구나 좋아하는 인상으로 호감을 산다. 서예, 교육, 언론, 의약계에 진출하면 좋은 남편을 만난다. 음식 솜씨가 좋고, 나이 차가 나는 남자와 인연이 많다고 했다. 파격(破格)되면 정조관념이 희박하고, 유흥업소 등에 빠질 우려가 있으며 산후풍(産後風)에 자손 문제로 근심을 앓게 되니 풍파(風波)가 많은 것이다.

神殺 註

천을귀인(天乙貴人)

일귀(日貴)에 정유(丁酉)일, 정해(丁亥)일, 계사(癸巳)일, 계묘(癸卯)일이 있다. 사람됨이 순수하고 자태가 아름다우며 착하고 덕이 있으며 오만하지 않는다. 복록이 두텁고 배우자의 덕이 있다.

천주귀인(天廚貴人)

천주귀인(天廚貴人) 설은 淵海子平과 命理正宗이 다르나, 평생 의

식이 풍부한 복록이 따른다는 점에서 식신(食神)의 록좌(祿宮)를 일컫는 연해자평 설을 따름이 무난하다. 일주로는 무신(戊申), 기유(己酉), 임인(壬寅), 계묘(癸卯)가 이에 해당된다.

<u>복성귀인(福星貴人)</u>

갑인(甲寅), 을축(乙丑), 병자(丙子), 정유(丁酉), 무신(戊申), 기미(己未), 경오(庚午), 신사(辛巳), 임진(壬辰). 계묘(癸卯)의 간지 조합을 복성귀인이라 하고 수복(壽福)을 뜻하는 길신이므로 일생 동안 복록이 따르는 편이며 부귀장수한다는 것이다. 복성귀인은 시지(時支)에 있으면 더욱 좋다.

<u>학당귀인(學堂貴人)</u>

학당귀인은 일간(日干)의 장생궁으로 학문을 즐겨하고 문장이 수려하며 학자나 교육자로 진로를 정하면 길하다.

필살기(必殺技)

1. 뛰어난 총기(聰氣)에 묘기백출(妙技百出)의 재능으로 인기를 모으고 호감을 산다.
2. 부인이 미모(美貌)에 양처(良妻)이나, 주색을 즐겨 양처(兩妻)를 두기도 한다.
3. 타고난 문재(文才)가 있어 글을 쓰며, 선하고 좋은 귀부(貴夫)와 연분을 맺는다.

타이밍(timing)

☞ 吉日時는 거래, 매매, 합의, 투자에 적합한 시간대로 활용하고, 凶日時는 투자나 매매 행위 일체는 피하고 가급적 휴식함이 좋지만, 원거리 이동, 운동, 노동 등의 힘의 소모로 대처함이 좋다.

☞ 甲辰, 乙巳, 丙申, 丁亥, 戊戌, 己丑, 庚辰, 辛巳, 壬申, 癸亥日은 십악대패일(十惡大敗日)로 택일 상 적합치 않은 일진이다.

吉日 : 卯日, 巳日

吉時 : 09시 30분에서 11시 30분 사이

凶日 : 酉日, 辰日

凶時 : 17시 30분에서 19시 30분 사이

결혼, 이사, 개업 擇日 : 甲寅일, 乙卯일, 丙寅일, 戊寅일, 庚寅일, 壬寅일, 癸卯일

질병(疾病)

수액(水厄)에 위장을 조심해야 한다. 신장, 방광, 당뇨, 편두통 등을 겪기도 하며 간(肝)도 일정하게 체크하는 게 좋다. 여성은 신경을 쓰면 생리통을 앓게 된다. 몸을 보온(保溫)하는 게 곧 영약(靈藥)이라 할 수 있다.

癸: 신장(腎臟), 발

卯: 간(肝), 좌측갈비, 손가락

직업(職業)

문학, 예술, 미술, 의사, 약사 등 견실한 부자가 많다. 사업을 한다면 의약계나 조림, 식품 등이 좋으나 탐재(貪財)는 말라고 했다. 철쇄개금(鐵鎖開金)으로 활인(活人)하면 액(厄)을 면한다 했으니 본인 아니면 배우자가 의사, 종교인, 법조계, 역학자 인 경우가 많다.

41 甲辰(乙9 癸3 戊18)

衰 금여(金與) 재고귀인(財庫貴人) 백호대살(白虎大殺) 평두(平頭)

辰土, 편재(偏財)는 乙木, 겁재(劫財)의 성분을 함유하여 이는 곧 투기성을 띄는 실업을 일으키게 됨을 암시하는 대목이라 할 수 있다. 동업을 하되, 그것은 용인(用人)의 측면이 강하다. 인수(印綬)의 성분이 가세하여 은근히 자기 주장을 강하게 밀고 나가므로 지지 않으려는 속성 또한 만만치 않다. 이 같은 조합은 풍류에 일가견이 있으며 비위가 좋거나 뻔뻔하다는 인상을 주기 쉽다. 청룡(靑龍)은 성질이 급하고, 변덕이 심하며 조화를 잘 부린다고 했다. 甲辰 일주와는 대립이나 쟁투를 피하는 게 상책이다.

癸水는 결국 편재(偏財)에 묶이므로 학업에 열심이나 도중하차하기 쉽고 수집에 취미를 두기도 한다. 역경에 분투하는 강직한 기질로 독립심이 강하고 재물을 축적하는 재주가 비상하나 급격한 변화를 겪으며 속성속패(速成速敗)하는 일이 많다. 행동이 방자하거나 분에 넘치는 허황된 이상을 동경하거나 추구하면 일생을 방황하기 쉽다.

처성백호(妻星白虎)는 처궁(妻宮)에 수심이 많고, 금전적인 문제로 처를 고생시키는 경우가 많다. 혹은 처가 잔병(殘病)으로 평생 고생하게 되며 부부의 인연이 변하기 쉽다. 또한 부모 중 한분의 비명횡사(非命橫死)가 두렵다. 여명(女命)의 경우 남편을 돈으로 보는 경우가 있고, 대단히 활동적이어서 남편이 무능하기 십상이다. 집에서 살림만 하면 남편이 조사(早死)하는 사례도 적지 않으므로 과부명(寡婦命)으로 분류되기도 하는데, 한편으로는 남편을 먹여 살리고 시부모에 대한 공양도 잘 하는 장점이 부각되기도 한다.

神殺 註

금여(金輿)

갑진(甲辰), 을사(乙巳), 경술(庚戌), 신해(辛亥) 등이 금여에 해당되고, 이는 正祿의 삼위차(三位次)를 말한다. 남녀 공히 좋은 배우자의 인연이 따른다. 남자의 경우 처가의 덕(德)이 두터우며 일생 안락하고 자손이 번창한다는 길조가 있다. 몸가짐에 절도가 있고, 용모가 준수하여 적시에 주변 사람의 도움을 받는 일이 많다고 한다.

재고귀인(財庫貴人)

갑진(甲辰), 병술(丙戌), 정축(丁丑), 무술(戊戌), 기축(己丑), 신미(辛未), 임술(壬戌) 일은 지지(地支)에 재성(財星)의 창고를 두어 재물을 많이 모아 부자(富者)가 된다는 길신(吉神)으로 분류한다. 재고귀인에는 조후(調喉)의 개념이 용해되어 있다.

백호대살(白虎大殺)

갑진(甲辰), 을미(乙未), 병술(丙戌), 정축(丁丑), 무진(戊辰), 임술(壬戌), 계축(癸丑)의 일곱 개의 조합을 白虎라 하고 이는 기문학(奇門學)의 구성반(九星盤)에 중궁수(中宮數)이므로 명식 중에 이 살이 있으면 해당 육친의 혈광지사(血光之死)와 한을 품은 죽음을 겪는 흉포한 살성이라 할 수 있다. 일주에 있으면 괴강과 같이 성정이 강하고 과격성을 드러낼 수 있어도 남들의 부러움을 사는 기이한 발복이 있을 것이다.

필살기(必殺技)

1. 타인에게 의지하지 않고 모든 일을 자신이 도맡아 해야만 직성이 풀리는 성격이다.
2. 금여(金與)로 미인들과 연애(戀愛)하게 되며, 결별 시에 음독(飮毒)이 발생하는 수 있다.
3. 곤명(坤命)은 남편궁에 수심(愁心)이 있고, 결국 자신이 가정을 꾸려나가는 팔자다.

타이밍(timing)

☞ 吉日時는 거래, 매매, 합의, 투자에 적합한 시간대로 활용하고, 凶日時는 투자나 매매 행위 일체는 피하고 가급적 휴식함이 좋지만, 원거리 이동, 운동, 노동 등의 힘의 소모로 대처함이 좋다.

☞ 甲辰, 乙巳, 丙申, 丁亥, 戊戌, 己丑, 庚辰, 辛巳, 壬申, 癸亥日은 십악대패일(十惡大敗日)로 택일 상 적합치 않은 일진이다.

吉日 : 丑日, 未日
吉時 : 01시 30분에서 03시 30분 사이
凶日 : 戌日, 卯日
凶時 : 19시 30분에서 21시 30분 사이
결혼, 이사, 개업 擇日 : 甲寅일, 乙卯일, 丙寅일, 丁卯일, 戊寅일, 己卯일, 壬寅일, 癸卯일

질병(疾病)

甲辰 일주는 피부, 관절 등의 질병을 조심해야 하며, 나이가 들면 중풍을 조심해야 하고, 등과 가슴이 결리고 뻐근한 증상이 있으며 피부병이 생길 수 있다.

甲: 쓸개, 머리, 수염, 머리카락
辰: 가슴, 피부(皮膚), 좌측어깨

직업(職業)

정인(正印), 편재(偏財), 백호(白虎)의 영향으로 의료계, 법정계, 제정계, 교육계 등으로 진출하는 경우가 많고, 사업 분야는 식품업, 목재업, 부동산, 농업, 유흥업 등의 계통이 적합하다.

42 乙巳(戊7 庚7 丙16)

浴 관귀학관(官貴學官) 금여(金輿) 고란과숙(孤鸞寡宿) 신병살(身病殺) 곡각살(曲脚殺)

乙木이 巳를 타고 앉았으니 巳는 뱀이요, 공기요, 풍선이고 비행기라, 총기가 발랄하고 언변이 능숙하지만 평생 분주하고 주거가 불안하다. 남녀가 부부 이별이나 공방수(空房數)를 겪어야 차라리 편안하다. 감정이 풍부하며 희로애락의 표현이 분명한 특징이 있다. 용모는 아름답고 피부는 윤기가 나며 머리칼이 빛난다. 언행이 가볍고 변동 변화가 많다. 한 가지 직업을 끝까지 지키는 법이 없는 게 아쉽고, 초지일관(初志一貫)하면 필시 성공함을 명심할 필요가 있다.

남명(男命)은 혼전임신(婚前姙娠), 혼전득자(婚前得子)의 징후가 포착된다. 가정은 처(妻)에게 맡기고 무심한 편이며 밖으로 돌아다니는 경향이 있다. 辛亥년이나 辛未년에 태어나면 진대패(眞大敗)가 되어 횡액(橫厄)이 예견된다. "땅꾼에게 잡힌 뱀"의 상이기 때문이다. 여명(女命)의 경우, 관투(官透)하면 일지(日支) 욕궁(浴宮)이니 아기를 낳고 살다가 정통도주(情通逃走)할 가능성이 있다. 고란(孤鸞)이 있어 혼전에는 독신을 주장하다가도 결혼 후에 대문이 열려 동서로 정부(情婦)요, 부정포태(不貞胞胎)의 기미도 있다. 상격은 예술, 예능 방면이나 교육자, 아나운서, 스튜어디스 계통의 직업군에서 많이 발견되는 유형.

神殺 註

관귀학관(官貴學官)

지혜가 밝고 학문이 뛰어나 교육자로 성공하거나 공무원이 되면 승직이 매우 빨라 입신출세(立身出世)한다는 길성으로 고위직에 오른다는 암시가 있다.

금여(金輿)

갑진(甲辰), 을사(乙巳), 경술(庚戌), 신해(辛亥) 등이 금여에 해당되고, 이는 正祿의 삼위차(三位次)를 말한다. 남녀 공히 좋은 배우자의 인연이 따른다. 남자의 경우 처가의 덕(德)이 두터우며 일생 안락하고 자손이 번창한다는 길조가 있다. 몸가짐에 절도가 있고, 용모가 준수하여 적시에 주변 사람의 도움을 받는 일이 많다고 한다.

고란과숙(孤鸞寡宿)

갑인(甲寅), 을사(乙巳), 무신(戊申), 신해(辛亥) 일주의 여자에게 해당되는 살성으로 이 날 출생한 여자는 남편과 생리사별(生離死別), 독수공방을 겪게 되며, 불연이면 남편이 작첩하는 일로 인해 신음(呻吟)해 본다는 것이다. 조혼(早婚)은 실패할 가능성이 높다.

신병살(身病殺)

을사(乙巳), 을미(乙未), 기사(己巳)가 일시(日時)에 있으면 병이 끊이지 않고, 늘 몸이 아프다는 암시가 강하다.

곡각살(曲脚殺)

乙, 己, 巳, 丑 위의 네 자가 명식에 있으면 곡각(曲脚)이라 하는데 이는 사고나 병으로 인하여 수족을 못 쓰거나 절단되는 것을 말한다. 또 신경통 등으로 수족에 이상이 있는 것도 포함된다.

필살기(必殺技)

1. 감정이 풍부해 웃기도 잘하고 울기도 잘하며 다정함이 지나쳐 문제가 된다.
2. 몸이 가볍고, 신경이 예민한 편인데, 처(妻)와 장모(丈母)에게 의지하는 경향이 있다.
3. 부부금슬(夫婦琴瑟)이 좋아도 공방수(空房數)는 면키 어렵고 어머니와 불화한다.

타이밍(timing)

☞ 吉日時는 거래, 매매, 합의, 투자에 적합한 시간대로 활용하고, 凶日時는 투자나 매매 행위 일체는 피하고 가급적 휴식함이 좋지만, 원거리 이동, 운동, 노동 등의 힘의 소모로 대처함이 좋다.

☞ 甲辰, 乙巳, 丙申, 丁亥, 戊戌, 己丑, 庚辰, 辛巳, 壬申, 癸亥日은 십악대패일(十惡大敗日)로 택일 상 적합치 않은 일진이다.

吉日 : 子日, 酉日

吉時 : 19시 30분에서 21시 30분 사이

凶日 : 亥日, 寅日

凶時 : 21시 30분에서 23시 30분 사이

결혼, 이사, 개업 擇日 : 乙卯일, 己卯일, 癸卯일

질병(疾病)

간(肝), 비장이 약하고, 두통, 심하면 신경 쇠약을 겪게 된다. 치아가 약한 편이고, 기관지의 질환이나 인후병(咽喉病) 등으로 고생하는 수가 있다.

乙: 간(肝), 두발, 음모(陰毛), 손가락, 목덜미

巳: 얼굴, 인후(목구멍), 이빨, 항문(肛門)

직업(職業)

교육, 의약계 등에서 성공하기도 하고, 사중(巳中) 庚金은 곡식과 과일을 의미하여 연관된 직업을 갖기도 한다. 조종사, 스튜어디스, 간호사, 화가, 서예, 출판, 문화, 인쇄, 기술, 예술, 예능 방면에 진출자가 많다.

43 丙午(丙10 己11 丁10)

旺 육수(六秀) 일인(日刃) 교신성(交神星)

양간(陽干) 중 최고의 丙火가 양인(羊刃)을 놓았으니, 염상지상(炎上之像)이라, 대단히 권위적이면서도 호방하고, 개방적인 스타일로 사람 사귀기를 즐긴다. 저돌성이 있고 이상이 높다. "정오의 태양"으로 가장 높은 자리에 있는 형상이니 독존(獨尊), 자기식대로 살고, 낙천적인 기질을 함유한다. 丙午는 壬子를 도충(倒沖)하므로, 냉정한 면모를 보일 때가 더러 있다. 합살(合殺)로 제어(制御)되어야 가하다. 현상에서는 직업이 있느냐, 없느냐로 그것을 가린다. 전자의 경우에는 문제가 없으나, 후자라면 가정도 모르는 무정(無情)함에 폭군(暴君)의 기질을 나타내게 된다.

"힘차게 달리는 말"의 상이니 앞으로 나아갈 줄만 알고 물러설 줄 모르는 기질이 있다. 속냉속열(速冷速熱)로 조급하나 뒤끝은 없으며, 상사에 직언도 서슴지 않는데, 거짓이 없는 대신 타인의 비밀을 지켜주지 못할 때가 있다. 매사 자신은 하늘을 찌르나 결실은 뜻과 같지 않은 아쉬움이 있다. 독선이 지나치면 적을 만들기 쉬우므로 수신(修身), 수양(修養)에 힘쓰라고 했다. 일인(日刃)은 그 처(妻)가 사회활동을 해야 신액(身厄)을 면한다. 상관(傷官) 己土의 성분이 壬子나 戊午일과 같은 일인(日刃)과는 달라 처(妻)를 극심하게 극하는 성분이 덜하다.

곤명(坤命)은 지나치게 강한 기질로 인해 차라리 독신(獨身)이 제격이라 했다. 결혼하면 남편이 무능해지고, 심하면 몰락한다. 형제를 돕는 팔자고, 남편이 있어도 만족을 얻기 어려우며, 도화(桃花)의 기질이 드러나는데, 겉은 환하므로 요령 있게 잘 처리하는 편이라 엉큼하다는 소리를 듣겠다.

神殺 註

육수(六秀)

병오(丙午), 정미(丁未), 무자(戊子), 기축(己丑), 무오(戊午), 기미(己未) 일주는 육수성에 해당한다. 육수의 성격은 급하고 재치가 있는 반면, 자기의 이익을 먼저 생각하는 습성이 있으므로 독단적인 기질이 있으며 동업 등은 피하는 게 좋다고 알려진다.

일인(日刃)

병오(丙午), 무오(戊午), 임자(壬子) 일주와 같이 일지(日支), 양인(洋刃)은 포태법(胞胎法)상 祿 다음의 제왕(帝旺)에 해당하여 권력과 형(刑)을 주재하는 성분이 된다. 자만심이 강하고, 비사교적이며, 안하무인에 구설수가 따르기 쉽다. 적(敵)을 많이 두고 도처에 시비수가 발생하기 쉬운데 속성속패(速成速敗)의 기운이 짙다. 생살대권(生殺大權)을 장악하기도 하며, 극처극부(剋妻剋夫)하는 내면의 흉의를 지니기도 한다. 刃은 殺로써 그 권위를 더욱 발하므로 편관(七殺)을 기뻐하기도 하는 것이다.

교신성(交神星)

병자(丙子), 병오(丙午), 신묘(辛卯), 신유(辛酉) 일 생은 무슨 일이든 타인과 같이 하지 못한다는 성좌(星座)로 생각은 깊으나 자아심이 강하다. 주변 환경이 마음에 들지 않을 때가 많고 자기 생각과 같지 않다.

필살기(必殺技)

1. 교신(交神)은 자기가 하고 싶은 것만 하며, 천복(天福)은 자기 삶에 만족함을 시사한다.
2. 己土의 작용으로 고집이 대단한 가운데, 극한 상황에서는 타협하는 능력이 있다.
3. 여명(女命)은 항상 말조심하라고 했다. 말이 씨가 되는 일이 종종 있다.

타이밍(timing)

☞ 吉日時는 거래, 매매, 합의, 투자에 적합한 시간대로 활용하고, 凶日時는 투자나 매매 행위 일체는 피하고 가급적 휴식함이 좋지만, 원거리 이동, 운동, 노동 등의 힘의 소모로 대처함이 좋다.

☞ 甲辰, 乙巳, 丙申, 丁亥, 戊戌, 己丑, 庚辰, 辛巳, 壬申, 癸亥日은 십악대패일(十惡大敗日)로 택일 상 적합치 않은 일진이다.

吉日 : 酉日, 亥日

吉時 : 13시 30분에서 15시 30분 사이

凶日 : 子日, 卯日

凶時 : 23시 30분에서 01시 30분 사이

결혼, 이사, 개업 擇日 : 甲寅일, 乙卯일, 丙寅일, 丁卯일, 戊寅일, 己卯일, 辛卯일

질병(疾病)

대개 건강체나 폐질(肺疾)과 비뇨기과(泌尿器科)에 출입하는 경우가 있다. 소장, 당뇨, 고혈압, 신경통, 심장마비, 뇌일혈 등을 주의해야 하고, 탕화(湯火)로 인한 화재나 화상의 가능성도 있다.

丙: 소장(小腸), 어깨

午: 정신, 심장(心腸), 눈

직업(職業)

상관(傷官), 양인(羊刃)의 영향으로 군경(軍警), 의료계, 법조계, 교육, 학계 등으로 진출하여 인연을 맺고, 아니면 해외출입에 재정이나 외국상사, 외국환은행 등에 근무하는 경우가 있다.

44 丁未(丁9 乙3 己18)

帶 육수(六秀) 암록(暗祿) 퇴신(退神) 장군전(將軍箭)

도량(度量)이 넓고, 희생정신이 강하여 베풀지만, 음성이 크고 탁한 편으로 간혹 오해를 받는 수가 있다. 똑똑하고 기질이 강해 자기 몫을 빼앗기는 법이 없다. 소유욕이 강하고 독립심이 있다. 일지 식신(食神)과 편인(偏印)의 내재는 언변이 뛰어나고 일의 계획성과 추진력은 탁월하나 재성의 부재로 인해 일의 성과나 재정적인 성취는 보기 어렵다. 丁丑 일주(日柱)가 약간 시끄럽고 분주하다면, 丁未는 차분하고 쓸데없이 뇌동부화(雷同附和)하고 분주한 것을 싫어한다. 현침(懸針)은 기예(技藝) 방면에 소질이 있음을 암시한다.

癸丑의 기(氣)가 작동하면, 의외로 거칠고 반항적인 성격이 나타나며 이기적이고 심술궂은 성질이 나타난다. 인정도 많고 착하지만 조급하고 폭발적인 성격에 즉흥적으로 일을 처리하는 일면이 있다. 신체적으로 다치기 쉬우므로 주위를 불안하게도 한다.

戊午 일주(日柱)와 丁未는 정력(精力)이 절륜(絶倫)하여 여자관계가 복잡한 것은 도리가 없다. 음욕(淫慾)으로 정욕(情欲)이 지나치게 강하니 발산(發散)하도록 놓아두어야 한다. 부부궁(夫婦宮)이 좋을 리 없다.

여명(女命)은 본남편과 해로(偕老)하기 어렵다. 깔끔하고 총명하며 손재주도 많은 현모양처(賢母良妻) 감이나 자식, 남편 복도 없이 무엇이든 해야 하니 기박한 운명이다. 성격이 급하고 좋은 말도 화난 듯 들리는 특징이 있다. 강한 수기(水氣)만 갖춘다면 복명(福命)이 되기 쉽다.

神殺 註

육수(六秀)

병오(丙午), 정미(丁未), 무자(戊子), 기축(己丑), 무오(戊午), 기미(己未) 일주는 육수성에 해당한다. 육수의 성격은 급하고 재치가 있는 반면, 자기의 이익을 먼저 생각하는 습성이 있으므로 독단적인 기질이 있으며 동업 등은 피하는 게 좋다고 알려진다.

암록(暗祿)

暗綠은 正祿을 합하는 글자를 말함인데, 암록은 재물에 궁합이 없고 보이지 않는 귀인의 조력으로 평생 안락한다는 것이다. 일주로는 병신(丙申), 정미(丁未), 무신(戊申), 기미(己未), 임인(壬寅), 계축

(癸丑) 등이 있다.

<u>퇴신(退神)</u>

정축(丁丑), 정미(丁未), 임진(壬辰), 임술(壬戌) 일이 퇴신으로 가치관이 일반인과는 다소 다르며, 타인들에게 두드러져 보이려는 성격을 지닌다. 속단하여 실행한 일로 뒤늦게 후회하기도 한다.

<u>장군전(將軍箭)</u>

병오(丙午), 정미(丁未), 무오(戊午), 기미(己未), 임자(壬子), 계축(癸丑) 일이 이에 해당되며 죄를 지으면 그 대가를 필히 치르게 된다는 성분으로 자암살(紫暗殺)로 불리기도 한다. 지지가 형충되면 무기나 흉기에 의해 죽음을 당하기도 한다는 암시가 있다.

필살기(必殺技)

1. 명랑한 성격에 달변이고, 그 고집은 꺾을 자가 없다.
2. 처가(妻家)집을 잘 돌보고, 돈은 자신이 직접 관리하며 처(妻)에게는 생활비만 준다.
3. 살림이 알뜰한 양처(良妻) 감인데, 부덕(夫德)이 없으니 한이 많아 눈물짓는다.

타이밍(timing)

☞ 吉日時는 거래, 매매, 합의, 투자에 적합한 시간대로 활용하

고, 凶日時는 투자나 매매 행위 일체는 피하고 가급적 휴식함이 좋지만, 원거리 이동, 운동, 노동 등의 힘의 소모로 대처함이 좋다.

☞ 甲辰, 乙巳, 丙申, 丁亥, 戊戌, 己丑, 庚辰, 辛巳, 壬申, 癸亥日은 십악대패일(十惡大敗日)로 택일 상 적합치 않은 일진이다.

吉日 : 酉日, 亥日

吉時 : 07시 30분에서 09시 30분 사이

凶日 : 丑日, 寅日

凶時 : 01시 30분에서 03시 30분 사이

결혼, 이사, 개업 擇日 : 甲寅일, 乙卯일, 丙寅일, 丁卯일, 戊寅일, 己卯일, 庚寅일, 壬寅일

질병(疾病)

혈압에 주의해야 하고, 심장, 소화기 질환, 위장병, 뇌일혈, 비만증, 권태증, 건망증 등을 앓기 쉽다. 여성의 경우 빈혈(貧血)로 고생을 하고, 명치가 자주 아프고 허리에 질병이 생길 수 있다. 드물게 철사관(鐵蛇關)으로 인해 희귀병을 앓는 수가 있다.

丁: 심장(心腸)

未: 위장(胃腸), 명치, 척추

직업(職業)

교육, 군인 아니면 직업적인 신앙인으로 종교계의 내막을 종교인보다 더 잘 아는 경우가 있다. 사업은 육영, 식품, 기능, 예능, 전자, IT, 가공업, 요식업 등이 좋으나 큰 재복(財福)은 없으므로 욕심을 줄이는 게 현명하다.

45 戊申(戊7 壬7 庚14)

病 천주귀인(天廚貴人) 복성귀인(福星貴人) 암록(暗祿) 고란과숙(孤鸞寡宿)

복록(福祿)이 두텁고 행운이 잘 따른다. 남에게 주는 걸 좋아하나 자신도 모르게 남에게 해를 끼치는 경우가 있다. 공치사를 잘하며 남의 일에 참견하기 좋아하고 남보다 앞질러 생각하여 간혹 오해를 받는다. 일지(日支) 역마(驛馬)와 편재(偏財)로 분주다사(分奏多事)에 해외 출입하며 모선망(母先亡)일 경우가 많다. 식신생재(食神生財)는 재운(財運)이 길함을 뜻하고, 식복(食福)이 따르는 명주(命主)로 잘하면 거부(巨富)가 된다.

자신이 틀려도 남의 충고는 받아들이지 않는 공연한 고집이 있기도 하며, 현침(懸針)은 남녀 공히 배우자를 극(剋)하는 기질을 암시한다. 암록(暗綠)은 천우신조(天佑神助)를 의미하고, 현처(賢妻)를 맞이하니 처덕(妻德)이 두터운 편이고 애정이 좋은 반면 외도(外道)도 있어 본다. 부모의 유업(遺業)도 양호한 상이다.

곤명(坤命)도 식록(食祿)이 풍부하고 별걱정 없이 부자로 좋은 집에서 잘 사는 유형이 많다. 남편궁에 애로가 발생하면 자신이 사업가로 요식업이나 많은 사람들 상대하는 직업, 숙박업 등으로 치부(致富)하게 된다. 대개 딸이 많고 아들은 적으며 남편보다는 자식을 위해 노력하고 희생하는 경우가 많다. 고란(孤鸞)이 있어 부부간 애정에 금이 가고, 남편의 외유(外遊), 외도(外道) 등으로 독수공방(獨守空房)한다. 남편에게 잘 한다고 하나, 거리가 있는 것은 부인의 불감증(不感症)에 기인하는 경우가 종종 있다.

神殺 註

천주귀인(天廚貴人)

천주귀인(天廚貴人) 설은 淵海子平과 命理正宗이 다르나, 평생 의식이 풍부한 복록이 따른다는 점에서 식신(食神)의 록좌(祿宮)를 일컫는 연해자평 설을 따름이 무난하다. 일주로는 무신(戊申), 기유(己酉), 임인(壬寅), 계묘(癸卯)가 이에 해당된다.

복성귀인(福星貴人)

갑인(甲寅), 을축(乙丑), 병자(丙子), 정유(丁酉), 무신(戊申), 기미(己未), 경오(庚午), 신사(辛巳), 임진(壬辰). 계묘(癸卯)의 간지 조합을 복성귀인이라 하고 수복(壽福)을 뜻하는 길신이므로 일생 동안 복록이 따르는 편이며 부귀장수 한다는 것이다. 복성귀인은 시지(時支)에 있으면 더욱 좋다.

암록(暗祿)

暗綠은 正祿을 합하는 글자를 말함인데, 암록은 재물에 궁합이 없고 보이지 않는 귀인의 조력으로 평생 안락하다는 것이다. 일주로는 병신(丙申), 정미(丁未), 무신(戊申), 기미(己未), 임인(壬寅), 계축(癸丑) 등이 있다.

고란과숙(孤鸞寡宿)

갑인(甲寅), 을사(乙巳), 무신(戊申), 신해(辛亥) 일주의 여자에게 해당되는 살성으로 이 날 출생한 여자는 남편과 생리사별(生離死別), 독수공방을 겪게 되며, 불연이면 남편이 작첩하는 일로 인해 신음(呻吟)해 본다는 것이다. 조혼(早婚)은 실패할 가능성이 높다.

필살기(必殺技)

1. 외식(外食)을 즐기고, 중매(仲媒)에도 일가견이 있으며 큰돈 한번 만져 본다.
2. 중년 이후 요통(腰痛)이나, 담석(膽石), 요석(尿石) 등의 결석(結石)으로 편치 않다.
3. 사회사업이나 육영사업을 하는 것이 꿈이고, 항시 자식 걱정이다.

타이밍(timing)

☞ 吉日時는 거래, 매매, 합의, 투자에 적합한 시간대로 활용하고, 凶日時는 투자나 매매 행위 일체는 피하고 가급적 휴식함이 좋지만, 원거리 이동, 운동, 노동 등의 힘의 소모로 대처함이 좋다.

☞ 甲辰, 乙巳, 丙申, 丁亥, 戊戌, 己丑, 庚辰, 辛巳, 壬申, 癸亥日은 십악대패일(十惡大敗日)로 택일 상 적합지 않은 일진이다.

吉日 : 丑日, 未日
吉時 : 01시 30분에서 03시 30분 사이
凶日 : 寅日, 卯日
凶時 : 03시 30분에서 05시 30분 사이
결혼, 이사, 개업 擇日 : 乙卯일, 丁卯일, 己卯일, 癸卯일

질병(疾病)

신경과민, 위장질환, 고혈압 등의 질환을 겪기 쉬우며 요통, 풍질, 결석 등으로 하루도 편치 않을 때가 있다. 유산소 운동으로 심신의 활력을 제고함이 최선이다.

戊: 위(胃), 갈비
申: 폐(폐), 대장(大腸), 경락

직업(職業)

식품가공, 운수, 수산업 등에서 성공하고 군경(軍警), 검찰, 공무원, 교육, 재정, 외국기관도 가하다. “가을의 서산(西山)”은 쓸쓸한 상이니 신앙에 깊이 빠지는 경우도 있다. “산에 철금 속에 묻힌 상”이니 철재, 철물 등과도 인연이 있다.

46 己酉(庚10 辛20)

生 천주귀인(天廚貴人) 학당귀인(學堂貴人) 문창귀인(文昌貴人)

물상(物象)은 "철근으로 지은 튼튼한 건물"으로 천주(天廚)는 맡은 일은 정확하게 깨끗하게 처리함을 의미한다. 또한 "들판에 먹을 것이 많아 뛰어다니는 닭의 상"이니 분주하고, 식록(食祿)이 두터운 편이다. 식상(食傷)의 구조는 줄기차게 연구하고, 자신의 연구 결과를 활발하게 공개함을 암시한다. 일지(日支) 장성(將星)은 아집(我執)이 강하다. 전답(田畓)보다는 금광(金鑛)으로 승부를 내야 하니, 정규적인 코스보다는 다양한 경로를 통해 출세(出世)하는 편이 유리하다고 볼 수 있다.

성격은 온순하면서도 타인을 제압하는 힘이 있다. 인간성은 후천적인 환경적 요인에 의해 선악(善惡) 어느 한 편으로 기울기 쉽다. 대개 지혜가 있고, 인정이 많으므로 상사의 신임을 받으며, 주위의 인정을 받는 편이다. 머리 회전이 천재적이고, 외적으로 인정을 많이 베풀며 겉으로는 유(柔)하지만, 철쇄개금(鐵鎖開金)

으로 내면의 냉철함과 일도양단(一刀兩斷)하는 기질을 함유한다. 다만 검경(檢警)계나 의약계의 종사자가 아닌 한, 생에 한 번 정도는 관제구설수 등의 심각한 흉운 기를 거칠 수 있다.

처(妻)는 미모에 지혜가 총명한 사람과 인연이 되나, 일지(日支) 도화(桃花)는 한 번 정도의 여난(女亂)을 암시하기도 한다. 본인이 출세(出世)하면 자식은 평범하다. 여성은 대개 재주가 뛰어나고, 내조(內助)를 잘 하는 유형이나 다소 그 남편을 무시하는 경향을 보이기도 한다. 배우자는 나이 차가 많을수록 양호하고, 인연이 닿지 않으면 과부(寡婦)가 되기도 한다. 대체로 남편의 덕이 박한 편이며 자식을 바라보고 사는 경우가 많다. 일생의 한 번 이상의 수술수(手術數)는 피하기 어렵다.

神殺 註

천주귀인(天廚貴人)

천주귀인(天廚貴人) 설은 '淵海子平'과 '命理正宗'이 다르나, 평생 의식이 풍부한 복록이 따른다는 점에서 식신(食神)의 록좌(祿宮)를 일컫는 연해자평 설을 따름이 무난하다. 일주로는 무신(戊申), 기유(己酉), 임인(壬寅), 계묘(癸卯)가 이에 해당된다.

학당귀인(學堂貴人)

학당귀인은 일간(日干)의 장생궁으로 학문을 즐겨하고 문장이 수려하며 학자나 교육자로 진로를 정하면 길하다.

문창귀인(文昌貴人)

총명하여 공부를 잘하고 학문을 통해 직위를 가질 수 있으며 모든 흉살(凶煞)을 만나도 길신(吉神)으로 변하고, 추리력, 발표력, 예지력이 뛰어나고 여명(女命)이면 소녀시절에 문학에 심취한다.

필살기(必殺技)

1. 학당(學堂), 酉金은 기억력이 우수하고, 비상한 두뇌로 문장의 암기력은 알아줄 만하다.
2. 겉으로는 안정적이나, 철쇄개금(鐵鎖開金)으로 내면의 갈등이나 번민, 구설 등을 겪는다.
3. 재주 있고 살림을 잘 하지만, 남편을 무시하는 경향이 있어 공방수(空房數)가 있다.

타이밍(timing)

☞ 吉日時는 거래, 매매, 합의, 투자에 적합한 시간대로 활용하고, 凶日時는 투자나 매매 행위 일체는 피하고 가급적 휴식함이 좋지만, 원거리 이동, 운동, 노동 등의 힘의 소모로 대처함이 좋다.

☞ 甲辰, 乙巳, 丙申, 丁亥, 戊戌, 己丑, 庚辰, 辛巳, 壬申, 癸亥日은 십악대패일(十惡大敗日)로 택일 상 적합치 않은 일진이다.

吉日 : 申日, 丑日

吉時 : 19시 30분에서 21시 30분 사이

凶日 : 卯日, 寅日

凶時 : 05시 30분에서 07시 30분 사이

결혼, 이사, 개업 택일(擇日) : 甲寅일, 丙寅일, 戊寅일, 庚寅일

질병(疾病)

己酉 일주는 소장, 간, 폐 계통의 질환을 조심해야 하며, 치아가 약하고, 골절이 자주 일어날 우려가 있다. 여성의 경우, 산액(産厄)을 겪을 수 있으며 제왕절개 수술을 하기 쉽다. 때때로 놀라는 일이 있다.

己: 비장(脾臟), 배

酉: 소장(小腸), 정랑, 난소(卵巢), 코, 인후(목구멍), 폐(肺)

직업(職業)

대개 월급 생활이 무난하고, 법조, 교육, 문학, 출판, 예술, 의약계에 많이 분포되어 있다, 문창(文昌)으로 교수직에 적합하고, 칼을 쓰는 직업과도 인연이 많다.

47 庚戌(辛9 丁3 戊18)

衰 금여(金與) 홍염살(紅艶殺) 괴강(魁罡) 금여(金與) 철사관(鐵蛇關)

장간(藏干)의 丁火가 辛金을 단련(鍛鍊)하는 상은 활동력이 왕성하고, 바쁠수록 정신이 맑아지며, 천문(天門)의 영감(靈感)을 발휘함을 의미한다. 편인(偏印)의 직관력이 가세하면 역량이 증폭된다. 자존심에 상처를 입으면 몹시 분개하고 즉각 대응하는 기질이 있다. 庚戌은 공업성(工業星)으로 IT, 첨단 기술 산업, 특수 기술 분야로 진출하면 성공한다고 했다. "매장된 금광"의 형상은 화기(火氣)를 보느냐가 관건이 된다.

괴강(魁罡)으로 심성이 강맹(强猛)하며 부선망(父先亡)에 한번 결정하면 기어이 해내는 기질이 있다. 철쇄개금(鐵鎖開金)으로 본인이 아니면 배우자나 자손이 의약계로 진출하기 쉽고, 활인(活人)하고 적덕(積德)을 쌓아야만 배우자나 자신의 신체 이상을 면한다. 관고(官庫)의 라망(羅網)이니 자칫 "철창에 갇힌 개"의 물상(物象)이 되면 송사(訟事)를 겪고 형액(刑厄)을 당할 염려가 있다. 여명(女命)의 그 남편이 당하기 쉽다. 혹은 자손궁에 근심이 있을 수 있고, 종교(宗教)와 인연을 맺음은 천문(天門)과 화개(華蓋)의 작용이다.

곤명(坤命)은 여걸(女傑)이다. 두뇌가 우수하고, 재치도 뛰어난데 과부(寡婦)도 많다. 사회활동을 하게 되며 자만심이 강하고, 결백한 듯해도 내심은 음기(淫氣)가 있다. 교육, 의약계에 종사하는 이들이 많고 유흥업이나 화류계에도 인연이 있다. 남성의 세계와 심리는 남자보다 더 잘 알고 남자를 조종하는데 일가견이 있다. 관왕(官旺)한 구조라면 귀부인(貴婦人)이 되나 대개 배우자는 무능한 편이다. 착하고 순한 남편이 제격이다.

神殺 註

금여(金輿)

갑진(甲辰), 을사(乙巳), 경술(庚戌), 신해(辛亥) 등이 금여에 해당되고, 이는 正祿의 삼위차(三位次)를 말한다. 남녀 공히 좋은 배우자의 인연이 따른다. 남자의 경우 처가의 덕(德)이 두터우며 일생 안락하고 자손이 번창한다는 길조가 있다.

홍염살(紅艷殺)

갑오(甲午), 병인(丙寅), 정미(丁未), 무진(戊辰), 경술(庚戌), 임신(壬申), 임자(壬子) 일주가 홍염에 해당된다. 작용력은 도화와 유사하며, 외정(外情)이 두려울 지경에 이르기도 한다. 여명은 기생(妓生),

남명은 작첩(作妾)한다는 암시가 있고 이성에게 호감을 사는 매력이 따른다.

괴강(魁罡)

경진(庚辰)일, 임진(壬辰)일, 무술(戊戌)일, 경술(庚戌)일을 두고 괴강이라 한다. 辰은 천강(天罡), 戌은 하괴(河魁)가 되어 음양 절멸(絶滅)의 땅이다. 경(經)에 이르길 괴강격은 무리 중에서 남보다 뛰어나며 발복(發福)이 빠르다고 했다.

철사관(鐵蛇關)

갑진(甲辰), 병신(丙申), 정미(丁未), 무인(戊寅), 경술(庚戌), 계축(癸丑) 일로 이는 돌림병이나 희귀병에 걸려 단명의 암시가 있다고 전해지므로 방역이나 예방에 철저해야 한다.

필살기(必殺技)

1. 인수생겁(印綬生劫)은 일단 일에 착수하면 적극적으로 돌진하는 바를 암시한다.
2. 금여(金輿)로 미모(美貌)의 처덕(妻德)이 좋으나 홍염(紅艶)이니 단처(單妻) 불만이다.
3. 관고(官庫)를 놓아 남편이 불우해지고, 연하의 상대와 연애(戀愛)하기 쉽다.

타이밍(timing)

☞ 吉日時는 거래, 매매, 합의, 투자에 적합한 시간대로 활용하고, 凶日時는 투자나 매매 행위 일체는 피하고 가급적 휴식함이 좋지만, 원거리 이동, 운동, 노동 등의 힘의 소모로 대처함이 좋다.

☞ 甲辰, 乙巳, 丙申, 丁亥, 戊戌, 己丑, 庚辰, 辛巳, 壬申, 癸亥日은 십악대패일(十惡大敗日)로 택일 상 적합치 않은 일진이다.

吉日 : 午日, 戌日

吉時 : 13시 30분에서 15시 30분 사이

凶日 : 辰日, 寅日

凶時 : 07시 30분에서 09시 30분 사이

결혼, 이사, 개업 택일(擇日) : 乙卯일, 丁卯일, 己卯일, 庚寅일, 辛卯일, 壬寅일

질병(疾病)

대장, 폐, 천식, 순환기 계통의 질환 등에 주의해야 하며, 중년 이후에는 혈압과 당뇨를 조심해야 한다.

庚: 대장(大腸), 배꼽

戌: 명문(命門), 복숭아 뼈, 자궁, 폐(肺)

직업(職業)

군경(軍警), 수사 계통, 정치, 언론, 교육, 법조계가 적합하고, 의사, 약사, 예술, 기술, 화공, 전자, IT 계통에서 성공한다.

48 辛亥(戊7 甲7 壬16)

浴 금여(金與) 태극귀인(太極貴人) 고란과숙(孤鸞寡宿)

도세주옥(陶洗珠玉)의 상은 지혜가 비상하고, 예술이나 문학 방면에 조예가 깊음을 의미한다. 타인을 무시하고 누구든지 자기 마음대로 부리려는 일종의 교만심이 있다. 언행(言行)에 항시 주의를 요한다. 언제나 매무새가 감각적으로 깔끔하게 정돈되어 있는 스타일리스트다. 일지(日支) 상관(傷官)의 성분은 언변과 재치가 뛰어나고 수단이 좋으며 남에게 베푸는 인정이 많아 주변의 인기를 실감케 하는 요인이 된다. 승부욕이 강하고 논쟁을 즐기며 반론을 제기하는 상대는 적으로 규정하여 제압하려는 속성이 강렬하다.

건명(乾命)은 능변(能辯)에 사리분별이 정확하며, 매사 적응이 빠르다. 인정이 많다가도 돌아설 때는 냉혹하다. 현모양처(賢母良妻)와 연분을 맺으며 일생이 행복한 상이나 작첩(作妾)을 면키 어렵고 자식궁은 저조하여 노년(老年)에 고독한 경향이 있다. 한

편 해수(亥水) 역마(驛馬)는 활동적이나 대개 사업에 변동이 많고, 가정에 안주하지 못하고 밖으로만 나돌게 되어, 부부궁의 공방(空房)을 암시하기도 한다.

여명(女命)은 금백수청(金白水淸)으로 대개 피부가, 희고, 고우며, 아름다운 사람이 많다. 화려함을 좋아하고 사치를 즐기며 대개 혼전(婚前)에 독신(獨身)을 주장하는 편이다. 지성적이나 배우자궁에 상관(傷官)이 있으니 혼자 똑똑하여 남편을 무시하고, 우습게 여기는 기질이 있다. 특히 자식을 낳은 후에 별부(別夫)하기 쉽다. 재혼(再婚)은 좋으며, 혹 이민(移民)을 가는 경우도 있다. 탐음(貪淫)으로 몰래 바람을 피우기 쉬우며, 부부 사이는 냉랭(冷冷)하다고 본다.

神殺 註

<u>금여(金與)</u>

갑진(甲辰), 을사(乙巳), 경술(庚戌), 신해(辛亥) 등이 금여에 해당되고, 이는 正祿의 삼위차(三位次)를 말한다. 남녀 공히 좋은 배우자의 인연이 따른다. 남자의 경우 처가의 덕(德)이 두터우며 일생 안락하고 자손이 번창한다는 길조가 있다. 몸가짐에 절도가 있고, 용모가 준수하여 적시에 주변 사람의 도움을 받는 일이 많다고 한다.

태극귀인(太極貴人)

갑자(甲子), 갑오(甲午), 정묘(丁卯), 정유(丁酉), 무진(戊辰), 무술(戊戌), 기축(己丑), 기미(己未), 경인(庚寅), 신해(辛亥), 임신(壬申), 계사(癸巳) 일이 태극귀인에 해당되며, 태극은 시종(始終)을 의미하여 종래 성과를 거두는 기쁨을 암시한다.
☞ 원래 태극귀인은 생년(生年)을 위주로 보나, 일지(日支)에서도 보며 격국(格局)의 청순함을 요한다. 격국이 우수하면 입신양명(立身揚名)한다는 것이다.

고란과숙(孤鸞寡宿)

갑인(甲寅), 을사(乙巳), 무신(戊申), 신해(辛亥) 일주의 여자에게 해당되는 살성으로 이 날 출생한 여자는 남편과 생리사별(生離死別), 독수공방을 겪게 되며, 불연이면 남편이 작첩하는 일로 인해 신음(呻吟)해 본다는 것이다. 조혼(早婚)은 실패할 가능성이 높다.

필살기(必殺技)

1. 정의감이 강하고 천재적인 두뇌의 소유자라는 말을 종종 듣겠다.
2. 금여(金輿)로 처덕(妻德)은 두텁고, 처가(妻家)가 부가(富家)인 경우가 많다.
3. 생리불순에 복통(腹痛)을 겪기 쉬우며 자연유산(自然流産)이 염려된다.

타이밍(timing)

☞ 吉日時는 거래, 매매, 합의, 투자에 적합한 시간대로 활용하고, 凶日時는 투자나 매매 행위 일체는 피하고 가급적 휴식함이 좋지만, 원거리 이동, 운동, 노동 등의 힘의 소모로 대처함이 좋다.

☞ 甲辰, 乙巳, 丙申, 丁亥, 戊戌, 己丑, 庚辰, 辛巳, 壬申, 癸亥日은 십악대패일(十惡大敗日)로 택일 상 적합치 않은 일진이다.

吉日 : 午日, 戌日
吉時 : 13시 30분에서 15시 30분 사이
凶日 : 辰日, 寅日
凶時 : 07시 30분에서 09시 30분 사이
결혼, 이사, 개업 택일(擇日) : 甲寅일, 乙卯일, 丙寅일, 戊寅일, 庚寅일, 辛卯일, 壬寅일

질병(疾病)

폐, 관절, 두통, 신장, 방광 등의 질병을 조심해야 하며, 기관지가 약해 감기에 잘 걸리고, 호흡기 질환을 자주 앓는다. 뇌일혈에 주의하고, 몸을 보온(保溫)하는 게 상책이다.

辛: 폐(肺), 다리
亥: 머리, 고환(睾丸), 항문, 생식기

직업(職業)

재정, 교육, 해운, 수산, 의학, 사법, 행정관리, 예능, 미술, 음악, 문학 등에서 입신(立身)하는 경우가 많고, 종교인이라면 설교(說教)를 잘 하기로 정평이 난다.

49 壬子(壬10 癸20)

旺 일인(日刃) 간여지동(干與支同) 장군전(將軍箭) 홍염살(紅艶殺)

"바다가 깊고 넓어 만물을 감싸는 형상"이니 도량(度量)이 넓고 인정이 넘치며, 비밀이 많고 끈질긴 면이 있어 인인자중(忍忍自重)한다. 일인(日刃)으로 영웅적인 기질과 수완이 능수능란하다. 壬子 일주(日柱)가 성운(盛運)을 만나 큰 인물이 되면 많은 이들이 문전성시(門前成市)를 이루지만, 한류(寒流)의 상으로 패망(敗亡)하면 찾는 이가 없고 사면초가(四面楚歌)의 비애(悲哀)를 통감(痛感)하게 됨을 암시한다. 직업과 주거의 변동이 잦고 금전적인 풍파를 겪는 편이다. 천성(天性)은 순박하여 행동보다 성급한 온정이 앞서 '말'뿐이라는 구설이나 오명을 받기 쉬운데, 그럴수록 진실이 드러날 때까지 묵묵히 참아야 한다.

외부내빈(外富內貧)에 일득삼실(一得三失)이며 만인(萬人)에 평등하나, 한 번 크게 노하면 인명(人命)의 살생(殺生)이 염려될 정도다. 지모(智謀)가 뛰어나고, 여러 사람의 존경(尊敬)을 받는 우두머리 노릇을 하게 되고, 파란만장한 일생이 펼쳐지기 쉽다. 처(妻)를 고생시키고, 이별하는 경우가 많다. 도처에 미인(美人)이고 작첩(作妾)하며 화류지녀(花柳之女)와 동거(同居)하기도 한다. 곤명(坤命)도 대개 여장부(女丈夫) 격으로 뛰어난 총명과 재치로 많은 이들을 거느리고 남을 위해 봉사하는 명이 되기 쉽다. 천귀(天貴)로 중년 이후의 삶은 가족에 국한되지 않는다.

神殺 註

일인(日刃)

병오(丙午), 무오(戊午), 임자(壬子) 일주와 같이 일지(日支), 양인(洋刃)은 포태법(胞胎法)상 祿 다음의 제왕(帝旺)에 해당하여 권력과 형(刑)을 주재하는 성분이 된다. 자만심이 강하고, 비사교적이며, 안하무인에 구설수가 따르기 쉽다. 적(敵)을 많이 두고 도처에 시비수가 발생하기 쉬운데 속성속패(速成速敗)의 기운이 짙다. 생살대권(生殺大權)을 장악하기도 하며, 극처극부(剋妻剋夫)하는 내면의 흉의를 지니기도 한다. 刃은 殺로써 그 권위를 더욱 발하므로 편관(七殺)을 기뻐하기도 하는 것이다.

간여지동(干與支同)

간지(干支)가 같은 오행(五行)의 글자로 장간(藏干)이 비견(比肩)이 서로 어깨를 밀어내는 형국에 처하면 부부간 생사이별수를 겪게 된다는 것으로 각거(各居)하게 되며, 백호(白虎) 등의 흉살(凶殺)과 겹치면 사별(死別)하기도 하는 것이다.

장군전(將軍箭)

병오(丙午), 정미(丁未), 무오(戊午), 기미(己未), 임자(壬子), 계축(癸丑) 일이 이에 해당되며 죄를 지으면 그 대가를 필히 치르게 된다는 성분으로 자암살(紫暗殺)로 불리기도 한다. 지지가 형충되면 무기나 흉기에 의해 죽음을 당하기도 한다는 암시가 있다.

홍염살(紅艶殺)

갑오(甲午), 병인(丙寅), 정미(丁未), 무진(戊辰), 경술(庚戌), 임신(壬申), 임자(壬子) 일주가 홍염에 해당된다. 작용력은 도화와 유사하며, 외정(外情)이 두려울 지경에 이르기도 한다. 여명은 기생(妓生), 남명은 작첩(作妾)한다는 암시가 있고 이성에게 호감을 사는 매력이 따른다.

필살기(必殺技)

1. 사람을 가리지 않고 대하며, 타인의 호감을 사고 많은 사람들이 따르는 편이다.
2. 남명(男命)은 평생 여자 문제로 골치 아프고 여성도 그럴 경우가 있다.
3. 곤명(坤命)은 한 곳에 정착하기 어려우며, 해외 출입에 형제궁에 근심이 있다.

타이밍(timing)

☞ 吉日時는 거래, 매매, 합의, 투자에 적합한 시간대로 활용하고, 凶日時는 투자나 매매 행위 일체는 피하고 가급적 휴식함이 좋지만, 원거리 이동, 운동, 노동 등의 힘의 소모로 대처함이 좋다.

☞ 甲辰, 乙巳, 丙申, 丁亥, 戊戌, 己丑, 庚辰, 辛巳, 壬申, 癸亥日은 십악대패일(十惡大敗日)로 택일 상 적합치 않은 일진이다.

吉日 : 辰日, 巳日

吉時 : 01시 30분에서 03시 30분 사이

凶日 : 午日, 寅日

凶時 : 11시 30분에서 13시 30분 사이

결혼, 이사, 개업 택일(擇日) : 甲寅일, 丙寅일, 丁卯일, 庚寅일, 辛卯일, 壬寅일, 癸卯일

질병(疾病)

대개 건강체로 동상, 혈압, 중풍, 수액 등에 주의하고, 보통의 경우보다 약량(藥量)이 많이 드는 편이다. 사망 시에는 긴 병 없이 떠나는 편이다. 신장, 방광, 당뇨, 자궁질환, 간담, 위장 등도 살펴보아야 한다.

壬: 방광(膀胱), 경락, 삼초(三焦)

子: 방광(膀胱), 음부(陰部), 요도(尿道), 귀(耳)

직업(職業)

군경(軍警), 검찰, 법관, 정치인, 종교인, 의사 등이 좋으며 사업을 한다면 무역, 관광, 식품, 여관, 해운수산업 등이 가하다. 큰 재복(財福)은 없는 편이고, 탈재(奪財)가 빈번한 특징이 있다.

50 癸丑(癸9 辛3 己18)

帶 암록(暗祿) 백호대살(白虎大殺) 음욕살(陰慾殺)

장간(藏干)에 인비(印比)가 상당히 힘을 지니고 일간(日干)을 도우므로 절처봉생(絶妻逢生)의 형국이고 암록(暗祿)의 작용이 나타난다. 자상함과 지혜로 어떤 일이든 충실하게 행하는 기질이 있어 주변의 인정을 받게 된다. 음인(陰刃)은 어느 방면이든 최고가 되려는 강렬한 의지와 장애를 제거하는 잔인함의 일면을 암시한다. 자신이 제일이라고 착각하면 대인 관계에서 고립(孤立)되는 수가 있다. 포부와 욕망은 대단하지만 식상기(食傷氣)가 없으면 본인의 생각과 현실이 어긋나게 된다. "겨울의 소"는 때를 기다려야 한다.

건명(乾命)은 호걸(豪傑)의 기상이 있으며, 베스트가 되기 위해 무척 노력하는 형이다. 지나친 과욕(過慾)은 믿는 도끼에 발등이 찍힐 수 있으니 학문과 수양이 필요하다. 생살지권(生殺之權)을 쥐지 못하면 일생에 굴곡을 겪는 일이 많다. 처궁(妻宮)은 불미

(不美)한 편으로 결혼이 수월치 않으며, 처(妻)의 비관으로 가정이 편치 않은 기상에다, 자녀 양육이 수월치 않다. 주위의 원조는 있으나 넉넉하지는 않고, 탐재(貪財)해도 뜻과 같지 않다.

관고(官庫) 백호(白虎)는 심하면 사별(死別)이요, 아니면 남편 때문에 고통 받고 신음하게 된다. 질서와 예의를 잘 지키고, 형제간에 의리가 있다. 사회생활에서는 인정을 받지만 가정은 그만 못하다. 음성이 맑지 않고, 힘이 없는 경우라면 그 남편이 불행해지기 쉽다. 인간미가 별로 없으므로 타인을 위한 봉사심을 기를 필요가 있다. 노랑(老郎), 소실(小室), 재혼(再婚)의 경우가 아니면 청상과부(靑孀寡婦)가 될 우려가 있다. 신앙과 아울러 음덕(陰德)을 많이 쌓으면 재난을 피하고, 편안해진다.

神殺 註

암록(暗祿)

暗綠은 正祿을 합하는 글자를 말함인데, 암록은 재물에 궁함이 없고 보이지 않는 귀인의 조력으로 평생 안락한다는 것이다. 일주로는 병신(丙申), 정미(丁未), 무신(戊申), 기미(己未), 임인(壬寅), 계축(癸丑) 등이 있다.

백호대살(白虎大殺)

갑진(甲辰), 을미(乙未), 병술(丙戌), 정축(丁丑), 무진(戊辰), 임술(壬

戊), 계축(癸丑)의 일곱 개의 조합을 白虎라 하고 이는 기문학(奇門學)의 구성반(九星盤)에 중궁수(中宮數)이므로 명식 중에 이 살이 있으면 해당 육친의 혈광지사(血光之死)와 한을 품은 죽음을 겪는 흉포한 살성이라 할 수 있다. 일주에 있으면 괴강과 같이 성정이 강하고 과격성을 드러낼 수 있어도 남들의 부러움을 사는 기이한 발복이 있을 것이다.

음욕살(淫浴殺)

무술(戊戌), 신묘(辛卯), 정미(丁未), 을묘(乙卯), 기미(己未), 계축(癸丑), 경신(庚申) 일주는 음욕이라 하여 말 그대로 음흉하고 색정적인 기질을 내포할 가능성이 있다. 여성이 이에 해당되면 유흥가 등으로 진출할 소지가 있고, 남성의 경우는 재혼하는 사례가 많다.

필살기(必殺技)

1. 일도정진(一道精進)하는 기상으로 고독하고 오기(傲氣)가 있으며 강한 집념을 보인다.
2. 평생 서책(書冊)을 가까이 하며, 현침성(懸針星)은 사람을 살리는 성분이다.
3. 몸이 아파서 고생하거나, 흉터를 지니게 되며 자궁질환이나 불임(不姙)을 겪기도 한다.

타이밍(timing)

☞ 吉日時는 거래, 매매, 합의, 투자에 적합한 시간대로 활용하고, 凶日時는 투자나 매매 행위 일체는 피하고 가급적 휴식함이 좋지만, 원거리 이동, 운동, 노동 등의 힘의 소모로 대처함이 좋다.

☞ 甲辰, 乙巳, 丙申, 丁亥, 戊戌, 己丑, 庚辰, 辛巳, 壬申, 癸亥日은 십악대패일(十惡大敗日)로 택일 상 적합치 않은 일진이다.

吉日 : 卯日, 巳日

吉時 : 19시 30분에서 21시 30분 사이

凶日 : 未日, 寅日

凶時 : 13시 30분에서 15시 30분 사이

결혼, 이사, 개업 택일(擇日) : 甲寅일, 乙卯일, 丙寅일, 戊寅일, 庚寅일, 壬寅일, 癸卯일

질병(疾病)

풍습에 혈압, 위장병 등이 예상되는데, 만병의 근원은 냉증(冷症)에서 오기 쉬우니 보온(保溫)에 주력함이 가하다. 장질(腸疾) 등이 있고 약(藥)은 많이 드는 편이다. 여성은 자궁(子宮), 불임증(不姙症), 당뇨 등을 겪을 수 있다.

癸: 신장(腎臟), 발

丑: 위(胃), 비장(脾臟), 좌측다리

직업(職業)

공직, 무관, 교육, 법정, 언론, 외과의, 침술, 종교인 등이 적합하고, 사업을 한다면 문화, it, 기술 계통, 출판, 서점, 골동품, 의약 등에 종사하는 경우가 많다.

51 甲寅(戊7 丙7 甲16)

祿 일덕(日德) 정록(正祿) 복성귀인(福星貴人) 고란과숙(孤鸞寡宿)

정록(正祿)으로 자립심이 강하고 주관이 확고하여 사사로이 행하지 않는다. 청백(淸白)하여 부정과 타협치 않으나 고립(孤立)을 자초하는 요인이 된다. 생각이나 판단이 분명하고 똑똑하나 甲子와 같은 현학(衒學)적 차원과는 성격이 다르다. 인중(寅中) 丙火, 식신(食神)은 戊土 편재(偏財)의 결과로 나타난다. 까닭에 자신의 내면에 집착하며 주체적으로 궁리하여 연구 성과나 재정적인 성취를 보게 된다.

간여지동(干與之同)으로 부부는 서로의 자존심만 내세우는 격이니 실패를 보기 쉽다. 공히 남에게 예속되기를 기피하고 군림하려는 기질이 강하다. 일지 지살(地殺)은 내심 가족에 대한 애착이 있으나 실제로는 안주하지 못하고 밖으로만 나돌게 된다. 부모와 뜻이 맞지 않으면서도 형제 중 장남의 역할을 하므로 책임을 중히 여기는 마음이 있다. 부모형제를 떠나 자수성가(自手

成家)하는 전형적인 유형이라 할 수 있다. 장남이나 자손과의 인연이 박(薄)하여 자식을 잃거나 불화 하는 경향이 있으므로 기도(祈禱)하게 된다.

女命은 고란(孤鸞)이니 관(官)의 절궁(絶宮)으로 자식 복은 있되, 남편과는 사별(死別)하거나, 재취(再娶)하기 십상이다. 따라서 조혼(早婚)은 거의 실패가 따르고, 가주(家主) 노릇을 해야 하니 직업을 잘 택하는 게 중요하고 본인이 똑똑하면 독신(獨身)도 가하다. 배우자가 작첩(作妾)하고 시가(媤家)가 몰락하면 부부연이 이어지기도 한다. 동목(凍木)은 데우는 데 시간이 오래 걸리므로 금슬지락(琴瑟之樂)을 기대하기가 쉽지 않다.

神殺 註

일덕(日德)

일덕은 성격이 착하고 자비(慈悲)스러우며 대운이 신왕(身旺)에 복록(祿)이 풍후(豊厚)하다. 甲에 寅이 좌록(坐祿)이 되며 丙은 진중(辰中)의 계수(癸水)가 관성의 창고, 戊의 辰은 재성의 창고, 경(庚)의 辰은 재성과 인성이 같이 있다. 壬의 戌은 재, 살, 인이 모두 있다.

정록(正祿)

정록(正祿)은 십간(十干)의 록(祿)으로 포태법상 건록궁에 해당된다. 일지에 록이 있으면 위인이 건전하고 자립심이 강하여 자수성가하며, 부모의 유산을 받지 않는 경우가 대부분이다.

<u>복성귀인(福星貴人)</u>

갑인(甲寅), 을축(乙丑), 병자(丙子), 정유(丁酉), 무신(戊申), 기미(己未), 경오(庚午), 신사(辛巳), 임진(壬辰). 계묘(癸卯)의 간지 조합을 복성귀인이라 하고 수복(壽福)을 뜻하는 길신이므로 일생 동안 복록이 따르는 편이며 부귀장수 한다는 것이다. 복성귀인은 시지(時支)에 있으면 더욱 좋다.

<u>고란과숙(孤鸞寡宿)</u>

갑인(甲寅), 을사(乙巳), 무신(戊申), 신해(辛亥) 일주의 여자에게 해당되는 살성으로 이 날 출생한 여자는 남편과 생리사별(生離死別), 독수공방을 겪게 되며, 불연이면 남편이 작첩하는 일로 인해 신음(呻吟)해 본다는 것이다. 조혼(早婚)은 실패할 가능성이 높다.

필살기(必殺技)

1. "대들보가 되는 나무"의 상으로 남에게 예속되기를 거부하고, 군림하려는 기질이 강하다.
2. 밖에서는 호인이나 집에서는 냉랭할 수 있으며, 처(妻)가 잔병치레를 한다.
3. '부봉옹고(不奉翁姑), 부존불명(夫尊不命)'으로 바깥 활동하고,

고독한 명주(命主)다.

타이밍(timing)

☞ 吉日時는 거래, 매매, 합의, 투자에 적합한 시간대로 활용하고, 凶日時는 투자나 매매 행위 일체는 피하고 가급적 휴식함이 좋지만, 원거리 이동, 운동, 노동 등의 힘의 소모로 대처함이 좋다.

☞ 甲辰, 乙巳, 丙申, 丁亥, 戊戌, 己丑, 庚辰, 辛巳, 壬申, 癸亥日은 십악대패일(十惡大敗日)로 택일 상 적합치 않은 일진이다.

吉日 : 丑日, 午日

吉時 : 13시 30분에서 15시 30분 사이

凶日 : 申日, 子日

凶時 : 15시 30분에서 17시 30분 사이

결혼, 이사, 개업 택일(擇日) : 乙卯일, 丙寅일, 丁卯일, 戊寅일, 己卯일, 壬寅일, 癸卯일

질병(疾病)

건강하지만, 위산과다에 신경성 위장병이 있고, 기관지가 약하며 화상의 흉터에 교통사고 등을 조심해야 한다. 신경통, 시력,

간담, 위장병, 피부병, 고혈압 등에 주의해야 한다.

甲: 쓸개, 머리, 수염, 머리카락

寅: 쓸개, 손, 머리카락

직업(職業)

외교관, 공무원, 교육자, 연구 기관 등에서 출세하고 무역업, 의사, 약사, 기술자, 문화사업, 목재, 전자, IT 계통이 좋다.

52 乙卯(甲10 乙20)

祿 정록(正祿) 구추방해(九醜妨害) 음욕살(淫浴殺) 간여지동(干與支同)

"땅위로 솟아 오른 싹"의 상의(象意)는 미래에 대한 욕망과 아름다운 세계를 동경하여 늘 상상의 나래를 펴는 순진함을 내포하고 있다. 성실한 생활과 치밀하고 분명한 성격을 가지며, 초목(草木)은 일견 부드러우나, 태풍(颱風)에도 넘어가지 않는 외유내강(外柔內剛)의 전형으로 상당한 고집의 소유자다. 때로 똑똑해도 타인에게 인정받기 어렵고, 인정이 많은 것 같아도 한편으로 인색해서 알다가도 모를 일이다. 이는 일지의 도충(到沖)의 작용으로 酉金을 끌어오기 때문이다. 활인(活人)의 명(命)이다. 명식에 辛酉를 보면 입산수도(入山修道)하다가 다시 환속(還俗)한다.

밖에서는 호인(好人), 집안에서는 무정(無情)하다. 평생에 여색으로 인한 큰 재난을 한 번 겪을 수니 조심할 일이다. 처덕(妻德)은 있으나, 처궁(妻宮)이 약하여 두 번 결혼하거나, 해로(偕老)가 어렵다. 팔자술(八字術)은 외도(外道)가 오히려 길(吉)하다고 전한다. 하는 일에 실패가 있다면 그것은 고집에 기인한다. 방해살(妨害殺)의 작용은 생활에 있어 항상 쫓기는 듯 불안해하는 기분이 들게 한다.

여명(女命)은 겉으론 부드러우나 고집이 세기는 마찬가지며, 너무 똑똑해서 탈이다. 인정이 많으면서도 독한 면이 있다. 대개 인물이 좋으나 남편은 무능하여 사회활동을 하게 된다. 형제(兄弟)의 근심이 떠날 날이 없고, 자식 복이 박하고, 딸 하나 있다면 속을 꽤나 썩인다고 한다. 음욕(淫慾)으로 중년 이후에 정부(情夫)를 두기도 한다.

神殺 註

정록(正祿)

정록(正祿)은 십간(十干)의 록(祿)으로 포태법상 건록 궁에 해당된다. 일지에 록이 있으면 위인이 건전하고 자립심이 강하여 자수성가하며, 부모의 유산을 받지 않는 경우가 대부분이다.

구추방해(九醜妨害)

임자(壬子), 임오(壬午), 무자(戊子), 무오(戊午), 기묘(己卯), 기유(己酉), 을묘(乙卯), 을유(乙酉), 신묘(辛卯), 신유(辛酉) 일 생으로 이성간의 혼탁상이 예견된다. 잦은 연애사로 가정풍파를 암시하는 성분이다. 이상의 간지가 시주에 있으면 그 자녀가 같은 성향을 보이게 된다.

음욕살(淫浴殺)

무술(戊戌), 신묘(辛卯), 정미(丁未), 을묘(乙卯), 기미(己未), 계축(癸丑), 경신(庚申) 일주는 음욕이라 하여 말 그대로 음흉하고 색정적인 기질을 내포할 가능성이 있다. 여성이 이에 해당되면 유흥가 등으로 진출할 소지가 있고, 남성의 경우는 재혼하는 사례가 많다.

간여지동(干與支同)

간지(干支)가 같은 오행(五行)의 글자로 장간(藏干)이 비견(比肩)이 서로 어깨를 밀어내는 형국에 처하면 부부간 생사이별수를 겪게 된다는 것으로 각거(各居)하게 되며, 백호(白虎) 등의 흉살(凶殺)과 겹치면 사별(死別)하기도 하는 것이다.

필살기(必殺技)

1. 비겁(比劫)의 혼재(混在)는 돈은 아무리 벌어도 나갈 데가 많음을 암시한다.
2. 음기(陰氣)가 강해, 여색(女色)이나 음식(飮食)으로 인한 고통을 겪게 된다.
3. 여성은 남자를 이기고, 첩실(妾室)도 정실(正室)이 되는 형이나 남편 덕이 없다.

타이밍(timing)

☞ 吉日時는 거래, 매매, 합의, 투자에 적합한 시간대로 활용하고, 凶日時는 투자나 매매 행위 일체는 피하고 가급적 휴식함이 좋지만, 원거리 이동, 운동, 노동 등의 힘의 소모로 대처함이 좋다.

☞ 甲辰, 乙巳, 丙申, 丁亥, 戊戌, 己丑, 庚辰, 辛巳, 壬申, 癸亥日은 십악대패일(十惡大敗日)로 택일 상 적합치 않은 일진이다.

吉日 : 子日, 未日

吉時 : 07시 30분에서 09시 30분 사이

凶日 : 酉日, 丑日

凶時 : 17시 30분에서 19시 30분 사이

결혼, 이사, 개업 택일(擇日) : 甲寅일, 丙寅일, 丁卯일, 戊寅일, 己卯일, 庚寅일, 癸卯일

질병(疾病)

대개 건강체로 습진, 풍질, 위산과다, 신경통 등을 겪기 쉽다. 금기(金氣)가 절궁(絶宮)이므로 간, 담, 편도선, 식도, 호흡기 계통의 질환에 걸리기도 한다. 손이 저리고 시린 증상이 있어 고생하게 되며 가려움증이 생기는 경우가 있는데 몸을 보온(保溫)하는 것이 좋다.

乙: 간(肝), 두발, 음모(陰毛), 손가락, 목덜미

卯: 간(肝), 좌측갈비, 손가락

직업(職業)

교육, 행정 계통이 길하고, 행정관, 사법과, 의사(소아과, 정신과), 문학, 농수산업, 식품 가공업 등이 적합하다. 죽어 가는 나무도 손만 대면 살아나는 특징이 있으며, 꼼꼼하고 손재주가 있으므로 침술, 예술, 기능, 악기 등에도 소질을 보이게 된다.

53 丙辰(乙9 癸3 戊18)

帶 일덕(日德) 단장관(斷腸關) 취명관(取命關) 평두살(平頭殺)

"구름에 가린 태양(太陽)"의 형상이다. 수완이 뛰어나고, 마음 속에는 무궁한 지혜와 모사(謀事)가 있다. 자신의 장단점을 잘 알므로, 단점은 밖으로 드러내지 않으며 교묘하게 잘 처세하는 일면이 있다. 선견지명(先見之明)이 있어 환난(患難) 중에도 피해 가고 다치지 않는다. 그러나 라망(羅網)이 있으니 지나치면 실패가 따르고 시비구설이 따른다. 자신이 권력 계통에 종사하지 않으면 관재수(官災數)가 발동하게 된다. 정통 신앙에 추진력과 배짱은 좋으나 결실을 맺기가 쉽지 않다. 금견(金見)이면 물건을 만들게 되니 열매가 있고 결실이 있을 것이다.

관고(官庫)에 천라지망(天羅地網)은 대개 군인, 경찰, 의약, 교수 등으로 진출하여 성공하는 사례가 많다. 또한 그 상의(象意)가 "지하실의 조명", '전열기', '난방기구' 등과 같아 공업기술성(工業技術星)이므로 전자, 전기 계통에서도 많이 찾아볼 수 있다.

관식동림(官食同臨)하고 있는데, 이는 보통 여명(女命)에서 식상고(食傷庫)로 첫아이를 난산(難産)하거나 양육하는데 어려움을 겪음을 암시하고, 혹은 타자양육(他子養育)을 하게 되는 수도 있음을 암시한다. 혹은 혼전임신(婚前姙娠)이나 부정포태(不貞胞胎)를 경험하게 되는 요인이 된다. 丙辰의 경우에는 戊癸의 합(合)으로 남명(男命)에서 자식을 하나 앞세움을 암시한다. 곤명(坤命)이 관고(官庫)를 놓으면 권력계나 의약업에 종사하는 부군(夫君)이 아닐 경우 관재로 수옥(囚獄), 사별(死別)의 형(刑)을 당하기도 하는 것이다. 자식도 생리사별(生離死別)하는 상이니 신앙에 의지하는 경우가 많다. 건강이 썩 좋지 않으므로 자연유산이나 자궁 외 임신을 겪기도 한다. 양처(良妻)에 살림도 잘 하는데 육친의 덕이 없으니 눈물이 마를 날이 없는 것이다.

神殺 註

<u>일덕(日德)</u>

일덕은 성격이 착하고 자비(慈悲)스러우며 대운이 신왕(身旺)에 복록(祿)이 풍후(豊厚)하다. 甲에 寅이 좌록(坐祿)이 되며 丙은 진중(辰中)의 계수(癸水)가 관성의 창고, 戊의 辰은 재성의 창고, 경(庚)의 辰은 재성과 인성이 같이 있다. 壬의 戌은 재, 살, 인이 모두 있다.

단장관(斷腸關)

갑오(甲午), 을미(乙未), 병진(丙辰), 정사(丁巳), 기묘(己卯), 경인(庚寅), 계축(癸丑) 일로 대장(大腸)이나 소장(小腸) 계의 질환으로 고생할 암시가 있다는 조합이다.

취명관(取命關)

어린이들이 사당이나 절 등에 가면 떠도는 혼령에 의해 질병을 얻을 수 있다 하여 小兒關殺符로 많이 쓰이는데, 10세가 지나면 액이 소멸되는 것으로 의학이 발전하지 않았던 과거 시절에 주로 쓰였다.

평두살(平頭殺)

갑자(甲子), 갑진(甲辰), 병인(丙寅), 병술(丙戌), 병진(丙辰), 병인(丙寅)이 일시(日時)에 있으면 평두(平頭)라 하고, 다툼이 잦은 경향을 보인다고 한다.

필살기(必殺技)

1. 어질 때는 순한 양 같지만, 화가 나면 물불을 가리지 않는 성격을 지녔다.
2. 자식(子息)이 귀하고, 관고(官庫)로 자손을 잃는다는 암시가 강하다.
3. 언제나 앞장서고 일을 철두철미하게 잘 하는 사람이지만 수입

보다 지출이 많다.

타이밍(timing)

☞ 吉日時는 거래, 매매, 합의, 투자에 적합한 시간대로 활용하고, 凶日時는 투자나 매매 행위 일체는 피하고 가급적 휴식함이 좋지만, 원거리 이동, 운동, 노동 등의 힘의 소모로 대처함이 좋다.

☞ 甲辰, 乙巳, 丙申, 丁亥, 戊戌, 己丑, 庚辰, 辛巳, 壬申, 癸亥日은 십악대패일(十惡大敗日)로 택일 상 적합치 않은 일진이다.

吉日 : 酉日, 子日

吉時 : 17시 30분에서 19시 30분 사이

凶日 : 戌日, 丑日

凶時 : 19시 30분에서 21시 30분 사이

결혼, 이사, 개업 택일(擇日) : 甲寅일, 乙卯일, 丙寅일, 丁卯일, 戊寅일, 己卯일, 辛卯일

질병(疾病)

심장, 혈압, 척추, 소장, 피부, 당뇨, 시력, 순환기 계통, 혈액, 습진 등으로 고생하기 쉽고, 여성은 건강이 나빠 산액(産厄)을

겪기 쉽다.

丙: 소장(小腸), 어깨
辰: 가슴, 피부(皮膚), 좌측어깨

직업(職業)

군인, 사법관, 경찰, 행정이 적합하며 사업을 한다면 식품, 육림, 종교, 토산품, 토건업, 모래, 자갈 채취업, 수산업, 농업 등이 길하다. 남명(男命)은 교육, 의약, 기술 계통에 종사하는 이성(異性)과 좋은 인연이 있다.

54 丁巳(戊7 庚7 丙16)

旺 음인(陰刃) 고란과숙(孤鸞寡宿) 간여지동(干與支同) 곡각살(曲脚殺)

명랑(明朗)하고 화창(和暢)하다. 음성이 높고, 언변이 청산유수(靑山流水)와 같지만 남의 비밀을 지켜 주지 못하는 것이 흠이고 국제적으로 활동하는 명주(命主)다. '보름달'의 상이니 마음속에는 큰 욕망과 정의가 도사리고 있다. 솔직담백한 성정(性情)이나, 자신의 이상은 잘 털어놓지 않는다. 사물의 처리가 밝고 신속하여 윗사람의 인정을 받으나, 타인의 과오는 지적하고 넘어간다. 특히 금전문제는 용납하지 않는다. 丙丁 火 일주(日柱)는 금견(金見)하면 거개가 부명(富命)이다. 癸亥를 도충(到沖)하게 되면 극단적인 현상이 나타나 반골(反骨)의 기질이 드러난다.

때로 하체에 힘이 없는 수가 있다. 곡각(曲脚) 때문이다. 항상 타인을 위해 적덕(積德)을 많이 쌓으면 신체의 불구를 면한다고 했다. 대개 시력에 이상이 있는 편이다. 성격이 급하여 거친 언행을 하기도 하는데 이내 후회하는 편이다. 느리고 질질 끄는 것은 질색이다. 남의 밑에서 종사하지는 않는다. 우두머리 격이기 때문이다. 그러니 월급 생활은 죽기보다 싫어하기도 한다. 재궁(財宮)이 유기(有氣)하면 이남이녀(二男二女) 정도의 자손(子孫)복이 있다. 처덕(妻德)은 있으나 신병(身病)이 있을 수 있다. 친구가 애인(愛人)을 소개시킨다. 곤명(坤命)은 알뜰하고 현명한 여성이다. 재물에 대한 욕심이 강하고, 재복(財福)이 있으며 사회활동을 하는 경우가 많다. 부부 다툼이 심하고, 결혼에 실패하면 혼자 사는 기질이 있다. 팔자술(八字術)은 이를 친정아버지가 여성편력(女性遍歷)이 많은 탓이라 했다.

神殺 註

음인(陰刃)

정사(丁巳), 기사(己巳), 계해(癸亥) 일주는 음인에 해당하여 독선적인 성품을 지닌다. 자신도 모르게 칼을 맞는다는 암시가 있어 남의 비방(誹謗)을 받기도 하며 재물에 실패수가 따르기 쉬우니 주의할 일이다.

고란과숙(孤鸞寡宿)

갑인(甲寅), 을사(乙巳), 무신(戊申), 신해(辛亥) 일주의 여자에게 해당되는 살성으로 이 날 출생한 여자는 남편과 생리사별(生離死別), 독수공방을 겪게 되며, 불연이면 남편이 작첩하는 일로 인해 신음

(呻吟)해 본다는 것이다. 조혼(早婚)은 실패할 가능성이 높다.
☞ 정사(丁巳) 일주도 고란(孤鸞)으로 보는 경우가 많다.

간여지동(干與支同)

간지(干支)가 같은 오행(五行)의 글자로 장간(藏干)이 비견(比肩)이 서로 어깨를 밀어내는 형국에 처하면 부부간 생사이별수를 겪게 된다는 것으로 각거(各居)하게 되며, 백호(白虎) 등의 흉살(凶殺)과 겹치면 사별(死別)하기도 하는 것이다.

곡각살(曲脚殺)

乙, 己, 巳, 丑 위의 네 자가 명식에 있으면 곡각(曲脚)이라 하는데 이는 사고나 병으로 인하여 수족을 못 쓰거나 절단되는 것을 말한다. 또 신경통 등으로 수족에 이상이 있는 것도 포함된다.

필살기(必殺技)

1. 성격이 불같아 고집이 대단하고, 급하기가 번개 같으니 화를 잘 내나 뒤끝은 없다.
2. 장간(藏干) 재겁(財劫)이 동림(同臨)하면 본처(本妻)두고 유부녀(有夫女)를 좋아한다.
3. 고란과숙(孤鸞寡宿)이니 십중팔구 남편의 덕(德)이 없고 과부(寡婦)일 경우가 있다.

타이밍(timing)

☞ 吉日時는 거래, 매매, 합의, 투자에 적합한 시간대로 활용하고, 凶日時는 투자나 매매 행위 일체는 피하고 가급적 휴식함이 좋지만, 원거리 이동, 운동, 노동 등의 힘의 소모로 대처함이 좋다.

☞ 甲辰, 乙巳, 丙申, 丁亥, 戊戌, 己丑, 庚辰, 辛巳, 壬申, 癸亥日은 십악대패일(十惡大敗日)로 택일 상 적합치 않은 일진이다.

吉日 : 酉日, 丑日
吉時 : 19시 30분에서 21시 30분 사이
凶日 : 亥日, 子日
凶時 : 21시 30분에서 23시 30분 사이
결혼, 이사, 개업 택일(擇日) : 乙卯일, 丁卯일, 己卯일

질병(疾病)

수분(水分)이 부족하니 변비와 치질이 염려된다. 심장병, 감기 등도 잘 걸리고 호흡기, 두통, 신경통, 뇌일혈 등을 겪기도 한다.

丁: 심장(心腸)
巳: 얼굴, 인후(목구멍), 이빨, 항문(肛門)

직업(職業)

정계, 군인, 검경(檢警)계 등의 관직과 교육이나 재정 등이 좋다. 예능, 특수직도 가하다. 비겁(比劫)이 재(財)를 생(生)하는 일주(日柱)는 정사(丁巳)가 유일하다고 했다. 친밀한 교분을 맺는데 주력해 봄직하다.

55 戊午(丙10 己11 丁10)

旺 육수(六秀) 일인(日刃) 음양(陰陽)

일인(日刃), 유아독존(唯我獨尊)격이다. 완고(頑固)하고 융통성이 없는 편이다. 효신(梟神)에 양인(羊刃)은 어려서 모친(母親)을 잃거나, 모외유모(母外有母)를 암시한다. 이복형제(異腹兄弟)가 있기 쉽고, 불사(佛事)에 일등이라 했다. 부모, 형제 떠나 고독한 명주(命柱)다. 그러니 신앙(信仰)과 연애한다. 매사에 꼼꼼하고 글씨나 그림에 소질이 있다. 외견은 군자(君子)나 내면은 불안정한 기운이 있다. 일점(一點) 수기(水氣)가 없어 금전적으로 인색하다. 반대로 여성은 잘 쓰는 편이다.

"화산(火山)의 형상"이니 丁未 일주(日柱)와 함께 외도(外道)를 하지 않을 수가 없다. 음양(陰陽)이니 미녀(美女)와 인연이 많다. 한 여자와 오래 가지는 못한다. 이별이 무상(無常)하니 처궁(妻宮)은 박복(薄福)하기 쉽다. 색정(色情)을 너무 밝히면 노년(老年)에 하체를 쓰지 못하는 수가 있다. 어려서 잔병(殘病)을 많이 앓고 육친(六親)의 덕(德)이 없지만, 천복(天福)이라, 중년 이후에는 권력을 쥔다.

곤명(坤命)은 호탕한 여걸(女傑)이다. 언변이 능숙하고 수단이 능란하니 활동력이 왕성하다. 남편궁은 무력하기 쉽고, 혼자 독보하는 것이 최선이다. 성욕(性慾)이 강하여 독신(獨身)이 어려우나 한 상대로 만족하기는 어려우니, 차라리 자유로운 환경이 낫다. 군경(軍警) 계나 공직자 생활을 하면 관(官)을 끌어안은 셈이니 음기(淫氣)는 정화되고 상당한 지위에 오르기도 한다. 종교와 철학에 심취하는 편이고, 미남(美男)만 만난다.

神殺 註

육수(六秀)

병오(丙午), 정미(丁未), 무자(戊子), 기축(己丑), 무오(戊午), 기미(己未) 일주는 육수성에 해당한다. 육수의 성격은 급하고 재치가 있는 반면, 자기의 이익을 먼저 생각하는 습성이 있으므로 독단적인 기질이 있으며 동업 등은 피하는 게 좋다고 알려진다.

일인(日刃)

병오(丙午), 무오(戊午), 임자(壬子) 일주와 같이 일지(日支), 양인(洋刃)은 포태법(胞胎法)상 祿 다음의 제왕(帝旺)에 해당하여 권력과 형(刑)을 주재하는 성분이 된다. 자만심이 강하고, 비사교적이며,

안하무인에 구설수가 따르기 쉽다. 적(敵)을 많이 두고 도처에 시비수가 발생하기 쉬운데 속성속패(速成速敗)의 기운이 짙다. 생살대권(生殺大權)을 장악하기도 하며, 극처극부(剋妻剋夫)하는 내면의 흉의를 지니기도 한다. 刃은 殺로써 그 권위를 더욱 발하므로 편관(七殺)을 기뻐하기도 하는 것이다.

음양(陰陽)

남녀를 불문하고 음양살을 가지면 용모가 아름다워 이성으로부터 유혹을 많이 받는데 본인도 또한 음란하고 색정(色情)이 강해 일생을 망칠 경우가 있다. 고서에도 남자가 丙子 일주면 평생 동안 많은 미녀와 상대하고 여자가 丙子를 얻으면 많은 남자를 품에 안고 도망간다 하였다. 또 남자가 戊午日을 득하면 많은 여자를 거느리고 함께 사랑하며 같은 집에 산다 하였고 여자가 戊午日이면 미남을 남편으로 얻고 뭇 남자들과 음사(淫事)를 즐긴다고 하였다.

필살기(必殺技)

1. 매사 잘 진행하다가도 끝에 가서 성을 내며 깨버리는 급성(急性)이 있다.
2. 만혼(晩婚)하며 나이 차가 많은 미모(美貌)의 여성과 연분을 맺는다.
3. 조토(燥土)는 십리 밖의 수기(水氣)도 끌어오니 곤명(坤命)도 관운(官運)이 있다.

타이밍(timing)

☞ 吉日時는 거래, 매매, 합의, 투자에 적합한 시간대로 활용하고, 凶日時는 투자나 매매 행위 일체는 피하고 가급적 휴식함이 좋지만, 원거리 이동, 운동, 노동 등의 힘의 소모로 대처함이 좋다.

☞ 甲辰, 乙巳, 丙申, 丁亥, 戊戌, 己丑, 庚辰, 辛巳, 壬申, 癸亥日은 십악대패일(十惡大敗日)로 택일 상 적합치 않은 일진이다.

吉日 : 未日, 戌日

吉時 : 13시 30분에서 15시 30분 사이

凶日 : 子日, 丑日

凶時 : 23시 30분에서 01시 30분 사이

결혼, 이사, 개업 택일(擇日) : 乙卯일, 丙寅일, 丁卯일, 戊寅일, 己卯일, 庚寅일, 壬寅일

질병(疾病)

편식(偏食)하는 경우가 많고, 비뇨기, 피부, 변비, 위장, 늑막, 고혈압, 당뇨, 중풍 등을 주의해야 한다. 겉은 따뜻하지만 속은 냉하여 고생하는 유형이다. 일지(日支) 寅午戌은 담배를 피우지 말라고 했다. 금기(金氣)가 상(傷)하므로 폐암(肺癌)에 걸릴 확률이 높다는 것이다.

戊: 위(胃), 갈비

午: 정신, 심장(心腸), 눈

직업(職業)

법관, 군인, 경찰, 교통부, 교육 계통이 좋다, 수사 기관이나 권력 계통에 종사하는 경우가 많다. 승려(僧侶)에게서도 많이 발견되는 명주(命柱)다. 의약계, 문화, 종교계가 좋고, 운수, 섬유, 문구, 기계, 관광 분야로도 많이 진출한다.

56 己未(丁9 乙3 己18)

帶 육수(六秀) 암록(暗祿) 복성귀인(福星貴人) 태극귀인(太極貴人)

암록(暗綠)과 복성귀인(福星貴人)의 성분은 비록 간여지동(干與支同)이라 해도 평생에 재물의 궁(窮)함은 없다는 점을 시사한다. 내심 비밀이 많고 성급하기도 하나 남 좋은 일을 많이 하는 사람이다. 하는 일에 장애와 경쟁이 많이 따르는 편으로 사업보다는 봉직(奉職) 생활이나 교육자로 진로를 정하는 게 좋다. 종교와 신앙에도 인연이 있다. 천역(天驛)이라, 몸보다 마음이 분주하다. "전답(田畓)이 메마른 형상"으로 한 번 감정이 격해지면 선후를 가리지 않고 폭발하여 후에 우울해 하고, 번민하는 경우가 많다.

건명(乾命)은 밖에서는 무골호인(無骨好人)이나 집에서는 무뚝뚝하고 심하면 폭군(暴君)의 기질이 나타나기도 한다. 교육, 은행, 종교에 인연이 많고 처궁(妻宮)에 액(厄)이 있으니 생사이별(生死離別)을 겪기도 하며 자손궁에도 근심이 따른다. 일복이 많아 평생 분주하고 내 일보다 남의 일에 더 많은 신경을 쓴다. 자의(字意) 상, 건축물과 연관 있는 골재상이나 건재상, 축대 쌓은 직업과 인연이 많다.

곤명(坤命)은 고집이 있고 남자 알기를 우습게 보는 기질이 있다. 남편 복은 따르지 않는 편이고 사회활동을 하는 게 적격이다. 종교, 신앙에 봉신(封神)함이 좋다고 했다. 비견(比肩)은 손해(損害)니 친구를 조심할 필요가 있다. 몸에 흉터가 있으면 차라리 길하다. 침술에도 재질이 있고, 간호사나 활인(活人) 계통에 입신(立身)하면 안정된 생활을 하게 된다.

神殺 註

육수(六秀)

병오(丙午), 정미(丁未), 무자(戊子), 기축(己丑), 무오(戊午), 기미(己未) 일주는 육수성에 해당한다. 육수의 성격은 급하고 재치가 있는 반면, 자기의 이익을 먼저 생각하는 습성이 있으므로 독단적인 기질이 있으며 동업 등은 피하는 게 좋다고 알려진다.

암록(暗祿)

暗祿은 正祿을 합하는 글자를 말함인데, 암록은 재물에 궁함이 없고 보이지 않는 귀인의 조력으로 평생 안락한다는 것이다. 일주로는 병신(丙申), 정미(丁未), 무신(戊申), 기미(己未), 임인(壬寅), 계축

(癸丑) 등이 있다.

복성귀인(福星貴人)

갑인(甲寅), 을축(乙丑), 병자(丙子), 정유(丁酉), 무신(戊申), 기미(己未), 경오(庚午), 신사(辛巳), 임진(壬辰). 계묘(癸卯)의 간지 조합을 복성귀인이라 하고 수복(壽福)을 뜻하는 길신이므로 일생 동안 복록이 따르는 편이며 부귀장수 한다는 것이다. 복성귀인은 시지(時支)에 있으면 더욱 좋다.

태극귀인(太極貴人)

갑자(甲子), 갑오(甲午), 정묘(丁卯), 정유(丁酉), 무진(戊辰), 무술(戊戌), 기축(己丑), 기미(己未), 경인(庚寅), 신해(辛亥), 임신(壬申), 계사(癸巳) 일이 태극귀인에 해당되며, 태극은 시종(始終)을 의미하여 종래 성과를 거두는 기쁨을 암시한다.

필살기(必殺技)

1. 자신보다 타인을 위해 봉사하는 정신이 강하고 남 좋은 일 하는 사람이다.
2. 자고(自庫)로 사업에 실패수가 따르고, 음욕(淫慾)으로 외입(外入)에 일가견이 있다.
3. 조토(燥土)는 생금(生金)이 쉽지 않으니 자손불발(子孫不發)하기 쉽다.

타이밍(timing)

☞ 吉日時는 거래, 매매, 합의, 투자에 적합한 시간대로 활용하고, 凶日時는 투자나 매매 행위 일체는 피하고 가급적 휴식함이 좋지만, 원거리 이동, 운동, 노동 등의 힘의 소모로 대처함이 좋다.

☞ 甲辰, 乙巳, 丙申, 丁亥, 戊戌, 己丑, 庚辰, 辛巳, 壬申, 癸亥日은 십악대패일(十惡大敗日)로 택일 상 적합치 않은 일진이다.

吉日 : 申日, 卯日

吉時 : 07시 30분에서 09시 30분 사이

凶日 : 丑日, 子日

凶時 : 01시 30분에서 03시 30분 사이

결혼, 이사, 개업 택일(擇日) : 甲寅일, 丙寅일, 丁卯일, 戊寅일, 己卯일, 癸卯일

질병(疾病)

건강하면서도 간담(肝膽)이 허약한 편이고, 비뇨기 계통의 질환을 앓는다. 위장병, 편두통, 관절염, 간경화증(肝硬化症), 당뇨, 혈액질환 등을 겪기도 한다. 여성은 자궁(子宮)이 약해 생리불순, 생리의 양이 적은 편이다. 입이 잘 마른다. 침이 부족하다.

己: 비장(脾臟), 배

未: 위장(胃腸), 명치, 척추

직업(職業)

관고(官庫)면 재정, 교육 계통에 입신(立身)하는 게 좋고, 종교, 부동산, 토산품 등에 인연을 맺으면 성공하기 쉽다.

57 庚申(戊7 壬7 庚14)

祿 정록(正祿) 간여지동(干與支同) 음욕살(淫浴殺) 홍염살(紅艷殺)

극(極)과 극(極)을 오가는 명주(命柱)로 권력가가 아니면 천(踐)해지기 쉽다. 즉 영웅(英雄) 아니면 건달(乾達)이다. 자존심의 상처를 허락하지 않으며 독선적이다. "서쪽의 별"은 고독하고 외롭게 빛나는 것이다. 임사즉결(臨事卽決)하고, 한 번 방향이 정해지면 틀려도 밀고 나간다. 활발한 기질, 적극적, 능수능란, 임기응변, 완벽주의, 결백주의 등이 庚申의 특징이다. 申을 형충(刑沖)하면 거칠고 강한 면모가 드러나며 심하면 칼을 휘두르는 숙살(肅殺)로 주위를 상하게 한다. 손재(損財)와 상신수(傷身數)는 평생에 조심하여야 한다. 화견(火見)으로 성기(成器)함이 제일(第一)이고, 수견(水見)하여 설기(洩氣)함이 차선이다.

영리하지만 의리 때문에 약자 편에 서니 손해를 보기 쉽고, 혁명가적 기질에 음성(音聲) 하나는 좋다. 변화 무쌍하고 만인(萬人)의 존경을 받으나 언행(言行)은 상대의 폐부(肺腑)를 찌르니

삼갈 것이고, 부모덕은 없어 초년(初年)에는 불행(不幸)한 편이다. 남녀 불문 부부궁은 편치 않다. 남명(男命)은 두세 번 장가를 들거나 아니면 처(妻)를 꽤나 고생시킨다. 대개 권력 계통이나 의사로 입신(立身)해야 호명(好命)이 된다.

곤명(坤命)이라도 권세를 휘둘러야 제격이다. 따라서 사회적으로 큰 인물들이 많다. 평범하다면 부부이별(夫婦離別)에 눈물 흘릴 일이 많고, 직장 생활하며 유흥업 계통에 빠지는 경우도 적지 않다. 본인이 가정을 이끄니 고단하고, 친구로 인한 손해(損害)는 면키 어려우니 답답한 것이다.

神殺 註

정록(正祿)

정록(正祿)은 십간(十干)의 록(祿)으로 포태법상 건록 궁에 해당된다. 일지에 록이 있으면 위인이 건전하고 자립심이 강하여 자수성가하며, 부모의 유산을 받지 않는 경우가 대부분이다.

간여지동(干與支同)

간지(干支)가 같은 오행(五行)의 글자로 장간(藏干)이 비견(比肩)이 서로 어깨를 밀어내는 형국에 처하면 부부간 생사이별수를 겪게 된다는 것으로 각거(各居)하게 되며, 백호(白虎) 등의 흉살(凶殺)과 겹치면 사별(死別)하기도 하는 것이다.

음욕살(淫浴殺)

무술(戊戌), 신묘(辛卯), 정미(丁未), 을묘(乙卯), 기미(己未), 계축(癸丑), 경신(庚申) 일주는 음욕이라 하여 말 그대로 음흉하고 색정적인 기질을 내포할 가능성이 있다. 여성이 이에 해당되면 유흥가 등으로 진출할 소지가 있고, 남성의 경우는 재혼하는 사례가 많다.

홍염살(紅艶殺)

갑오(甲午), 병인(丙寅), 정미(丁未), 무진(戊辰), 경술(庚戌), 임신(壬申), 임자(壬子) 일주가 홍염에 해당된다. 작용력은 도화와 유사하며, 외정(外情)이 두려울 지경에 이르기도 한다. 여명은 기생(妓生), 남명은 작첩(作妾)한다는 암시가 있고 이성에게 호감을 사는 매력이 따른다.

필살기(必殺技)

1. 갑작스런 변화가 많으며, 사람을 잘 다루고 이용하는 수단이 있다.
2. 처가(妻家)나 처덕(妻德)을 보지만, 처의 질병(疾病) 등으로 근심이 있다.
3. 친구나 형제로 인한 탈재(奪財)가 따르고, 고신(苦身)하니 고독한 팔자다.

타이밍(timing)

☞ 吉日時는 거래, 매매, 합의, 투자에 적합한 시간대로 활용하고, 凶日時는 투자나 매매 행위 일체는 피하고 가급적 휴식함이 좋지만, 원거리 이동, 운동, 노동 등의 힘의 소모로 대처함이 좋다.

☞ 甲辰, 乙巳, 丙申, 丁亥, 戊戌, 己丑, 庚辰, 辛巳, 壬申, 癸亥日은 십악대패일(十惡大敗日)로 택일 상 적합치 않은 일진이다.

吉日 : 丑日, 未日

吉時 : 01시 30분에서 03시 30분 사이

凶日 : 寅日, 子日

凶時 : 03시 30분에서 05시 30분 사이

결혼, 이사, 개업 택일(擇日) : 乙卯일, 丁卯일, 己卯일, 辛卯일

질병(疾病)

간, 비장이 약하고 또 냉습에 주의하며 항시 몸을 따뜻하게 해야 한다. 기관지염, 대장염, 위염, 시력감퇴, 편도선, 중풍 등에도 유의하여야 한다.

庚: 대장(大腸), 배꼽

申: 폐(肺), 대장(大腸), 경락

직업(職業)

권력 계통이 가장 적합하여 진출하여 군인, 정치, 경찰에 투신(投身)하여 대성(大成)하는 이들이 많다. 권력이 없으면 운동선수, 기계, 기관, 운전 계통과 인연을 맺기 쉽다. 의사나 예술 계통의 종사자도 적지 않다.

58 辛酉(庚10 辛20)

祿 정록(正祿) 교신성(交神星) 간여지동(干與支同) 음양차착(陰陽差錯)

내강(內剛)의 전형이다. 일견 원만해 보여도 그 마음은 차갑고, 고지식하다. 소란스럽고 번잡한 것을 싫어하고, 고요하고 평온한 환경을 좋아한다. 신경이 매우 날카롭고, 사물에 대한 번민과 생각이 많다. 한 번 믿으면 모든 것을 다 바치지만, 일단 증오심을 품게 되면 쉽게 풀리지 않는다. 타협이 없으며 주관이 확고하고 청고(淸高)한 상이다. 한편 卯를 도충(倒沖)해 오는 속성이 있으므로 인정을 베풀 때는 봄눈 녹듯 다정하다.

乙卯, 辛酉, 壬子를 3대 고집이라고 했다. 비겁(比劫)으로만 구성되기 때문이다. 이 중 辛酉를 제 일선(一線)으로 치는 견해가 많다. 이러한 구성은 보통 처덕(妻德)은 보게 되나, 처궁(妻宮)은 약해 이별하기 쉽다는 것이다. 辛金 일주(日柱)는 그 기질로 인해 연애(戀愛)보다는 중매(仲媒)로 결혼하는 경우가 많다. 후자의 경우에는 심한 갈등 속에 이별의 쓴잔을 마시기 쉽다. 전자의 경우라도 무척 노력을 해야 부부해로(夫婦偕老)한다.

곤명(坤命)은 혼전(婚前)에 열병을 앓는 연애(戀愛)를 경험하면 결혼에 실패수가 없으나, 그렇지 않으면 마음 고생을 많이 하고 헤어지기 쉽다. 부부궁은 불리하므로 이별이 무상(無常)하고, 본인이 가계(家計)를 꾸려 가는 경우가 많다. 음차(陰差)로 부모의 덕도 없는 편인데, 외가(外家)와 시가(媤家)마저 쇠몰(衰沒)하기 쉬우니, 미모(美貌)에도 남편의 사랑을 받지 못하니 한(恨)이 많다. 신앙에 충실한 것은 좋으나 지나치면 문제가 된다. 타인을 위해 적덕(積德)을 많이 쌓아야 본인과 배우자의 신체 이상을 면하게 된다.

神殺 註

정록(正祿)

정록(正祿)은 십간(十干)의 록(祿)으로 포태법상 건록 궁에 해당된다. 일지에 록이 있으면 위인이 건전하고 자립심이 강하여 자수성가하며, 부모의 유산을 받지 않는 경우가 대부분이다.

교신성(交神星)

병자(丙子), 병오(丙午), 신묘(辛卯), 신유(辛酉) 일 생은 무슨 일이든 타인과 같이 하지 못한다는 성좌(星座)로 생각은 깊으나 자아심이 강하다. 주변 환경이 마음에 들지 않을 때가 많고 자기 생각과 같지 않다.

간여지동(干與支同)

간지(干支)가 같은 오행(五行)의 글자로 장간(藏干)이 비견(比肩)이 서로 어깨를 밀어내는 형국에 처하면 부부간 생사이별수를 겪게 된다는 것으로 각거(各居)하게 되며, 백호(白虎) 등의 흉살(凶殺)과 겹치면 사별(死別)하기도 하는 것이다.

음양차착(陰陽差錯)

배우자와 不和하고 사별하며 상부극처(傷夫剋妻)하게 되는 것이니 재취하여도 해로하기 어렵다. 또 음란하고 색난이 따른다. 심하게는 상(喪) 중에 취첩(娶妾)하며 혼인하여도 곧 실패수(被折)가 따른다고 표현하기도 한다. 그 작용력에 있어서 취첩(陽差)는 피절(陰錯)보다 강한 점이 있다.

필살기(必殺技)

1. 일록(日祿)으로 대외적으로는 사교성이 좋고 밖에서는 편하나, 집안은 무정(無情)하다.
2. 부부간 갈등이 심하고, 아내의 행실을 공연히 의심하는 증세가 있다.
3. 곤명(坤命)은 규모가 있고, 금전에 대한 집착이 강하여 쓸데없는 낭비가 없는 편이다.

타이밍(timing)

☞ 吉日時는 거래, 매매, 합의, 투자에 적합한 시간대로 활용하고, 凶日時는 투자나 매매 행위 일체는 피하고 가급적 휴식함이 좋지만, 원거리 이동, 운동, 노동 등의 힘의 소모로 대처함이 좋다.

☞ 甲辰, 乙巳, 丙申, 丁亥, 戊戌, 己丑, 庚辰, 辛巳, 壬申, 癸亥日은 십악대패일(十惡大敗日)로 택일 상 적합치 않은 일진이다.

吉日 : 丑日, 午日
吉時 : 19시 30분에서 21시 30분 사이
凶日 : 卯日, 子日
凶時 : 05시 30분에서 07시 30분 사이
결혼, 이사, 개업 택일(擇日) : 丙寅일, 戊寅일, 庚寅일, 壬寅일

질병(疾病)

비염, 호흡기 질환, 폐질환, 혈압, 순환기 계통, 대장, 비장 등이 약하기 쉽다. 치아도 부실한 편이며, 폐(肺)에 병이 오면 심각하다고 했다.

辛: 폐(肺), 다리
酉: 소장(小腸), 정랑, 난소(卵巢), 코, 인후(목구멍), 폐(肺)

직업(職業)

군경(軍警), 검찰, 행정, 경리회계, 설계, 의사, 약사, 철도, 보건복지부(保健福祉部) 직에 입신(立身)하면 이롭고, 금은방이나 기술 계통도 좋다.

59 壬戌(辛9 丁3 戊18)

帶 일덕(日德) 재고귀인(財庫貴人) 퇴신(退神) 백호대살(白虎大殺)

천문(天門)으로 선견지명(先見之明)이 있다. 잘 베풀면서도 욕심이 있는 편으로 취재(取財)에는 따를 자가 없다고 한다. 백호(白虎)로 지혜가 총명하고 지도자 격이니 강직성과 과격성을 지녔다. 인정이 많지만, 약간의 이기심과 독선적인 경향이 있다. 상대가 마음에 들면 잘하지만, 한 번 틀어지면 증오가 심하다. 戊土는 고통을 당할수록 두뇌가 맑아지고, 센스가 빨라지며 활기(活氣)가 도는 특징이 있다.

재관고(財官庫)에 백호(白虎), 일덕(日德)은 만중생(萬衆生)을 계도(啓導)하는 성분이므로 격(格)이 잘 짜이면 군경(軍警), 금융계 등에서 명성을 떨치는 경우가 많다. 종교와도 인연이 깊은 편이다. 처덕(妻德)이 있으나, 백호(白虎)로 해로(偕老)가 어려우며, 첩(妾)을 여럿 두는 경향이 있고 자손궁에 근심이 있다. 재복(財福)이 있어 도처에 부동산이요, 거금(巨金)을 희롱하기도 한다.

곤명(坤命)은 퇴신(退神)으로 뽐내려는 성분도 있고 밝은 기질의 소유자다. 가정의 주도권을 잡아야 직성이 풀리고, 주장이 강한 편이다. 남편이 권력 계통에 종사해야 길하고, 아니면 과부(寡婦)가 되거나 남편의 무능(無能)으로 인해 신음하게 된다. "丁火와 辛金의 조합"에 丁丑이나 壬戌과 같은 백호(白虎)는 "칼을 들고 설치는 무당"의 형상이니 때로는 함부로 법석을 떨거나 분별없이 막 하는 성질이 나타나기도 한다.

神殺 註

<u>일덕(日德)</u>

일덕은 성격이 착하고 자비(慈悲)스러우며 대운이 신왕(身旺)에 복록(祿)이 풍후(豊厚)하다. 甲에 寅이 좌록(坐祿)이 되며 丙은 진중(辰中)의 계수(癸水)가 관성의 창고, 戊의 辰은 재성의 창고, 경(庚)의 辰은 재성과 인성이 같이 있다. 壬의 戌은 재, 살, 인이 모두 있다.

<u>재고귀인(財庫貴人)</u>

갑진(甲辰), 병술(丙戌), 정축(丁丑), 무술(戊戌), 기축(己丑), 신미(辛未), 임술(壬戌) 일은 지지(地支)에 재성(財星)의 창고를 두어 재물을 많이 모아 부자(富者)가 된다는 길신(吉神)으로 분류한다. 재고귀인에는 조후(調喉)의 개념이 용해되어 있다.

퇴신(退神)

정축(丁丑), 정미(丁未), 임진(壬辰), 임술(壬戌)일이 퇴신으로 가치관이 일반인과는 다소 다르며, 타인들에게 두드러져 보이려는 성격을 지닌다. 속단하여 실행한 일로 뒤늦게 후회하기도 한다.

백호대살(白虎大殺)

갑진(甲辰), 을미(乙未), 병술(丙戌), 정축(丁丑), 무진(戊辰), 임술(壬戌), 계축(癸丑)의 일곱 개의 조합을 白虎라 하고 이는 기문학(奇門學)의 구성반(九星盤)에 중궁수(中宮數)이므로 명식 중에 이 살이 있으면 해당 육친의 혈광지사(血光之死)를 야기하는 흉포한 살성이다. 일주에 있으면 괴강과 같이 성정이 강하고 과격성을 드러낼 수 있어도 남들의 부러움을 사는 기이한 발복이 있을 것이다.

필살기(必殺技)

1. 직감이나 예감이 빠르고 타인의 마음을 잘 파악하며 천문(天門)으로 꿈이 잘 맞는다.
2. 壬水 재고(財庫)는 어떤 여자라도 휘어잡고, 양처득자(兩妻得子)하기 쉽다.
3. 타인의 간섭이나 구속을 싫어하고, 여성은 이혼(離婚) 후에 성공하는 경우가 많다.

타이밍(timing)

☞ 吉日時는 거래, 매매, 합의, 투자에 적합한 시간대로 활용하고, 凶日時는 투자나 매매 행위 일체는 피하고 가급적 휴식함이 좋지만, 원거리 이동, 운동, 노동 등의 힘의 소모로 대처함이 좋다.

☞ 甲辰, 乙巳, 丙申, 丁亥, 戊戌, 己丑, 庚辰, 辛巳, 壬申, 癸亥日은 십악대패일(十惡大敗日)로 택일 상 적합치 않은 일진이다.

吉日 : 卯日, 午日
吉時 : 13시 30분에서 15시 30분 사이
凶日 : 辰日, 丑日
凶時 : 07시 30분에서 09시 30분 사이
결혼, 이사, 개업 택일(擇日) : 甲寅일, 丁卯일, 庚寅일, 辛卯일, 壬寅일, 癸卯일

질병(疾病)

신장, 방광, 당뇨, 요도염, 골절상, 디스크, 좌골신경통, 뇌일혈, 결석, 혈압 계통에 질환을 주의해야 한다.

壬: 방광(膀胱), 경락(經絡), 삼초(三焦)
戊: 명문(命門), 복숭아 뼈, 자궁, 폐(肺)

직업(職業)

재정, 법정, 은행, 교육, 의사, 특수기술직, 군경, 인기직종 등에 입신(立身)하면 대성할 수 있다. 재복(財福)이 두터운 편이며, 철쇄개금(鐵鎖開金)으로 활인(活人)을 해야 육친(六親)의 신액(身厄)을 면한다.

60 癸亥(戊7 甲7 壬16)

旺 음인(陰刃) 복신(伏神) 간여지동(干與支同) 천일관(千日關)

천문(天門)의 선견지명(先見之明)에 수왕(水旺)의 지혜, 머리가 좋기로는 辛亥와 癸亥 양일주(兩日柱)가 선두를 다투는 격이다. 외유내강(外柔內剛)에 수양(修養)마저 쌓았으니, 어디를 가나 환대(歡待)를 받는다. 해중역마(海中驛馬)에 망망대해(茫茫大海)의 상이니 목표를 정하고 묵묵히 매진하여 국제적인 인물이 될 것이고, 무한한 잠재력은 높이 평가된다. 한 마디로 타인보다 한 수 앞서는 명주(命柱)다. 만사태평한 듯해도 甲木의 작동은 생각이 그치지 않고, 주변에 민감하다. 겉보기에 둔한 듯해도 천재적인 두뇌가 작동하는 것이다.

건명(乾命)은 한 길로만 나가면 반드시 성공하는 명이다. 이상이 높고 시련과 장애가 따라도 이를 딛고 일어설 수 있는 근기(根氣)가 있다. 유동수(流動水)로 고위직에 있다가도 급전직하(急轉直下)하는 수가 있다. 때를 잃어도 천직(賤職)을 부끄럼 없이 수행하는 무서운 인물이다. 자신보다는 국가와 사회를 먼저 생각하니 자연 가정에는 소홀한 편인데도 처(妻)가 조력(助力)하니 부창부수(夫唱婦隨)의 가함이 있다.

곤명(坤命)은 명암부집(明暗夫集)되면 정통도주(情通逃走)하기도 한다. 총명하고 생활력이 강하나 외정(外情)이 병이다. 상관견관(傷官見官)에, 간여지동(干與支同)으로 대개 부덕(夫德)은 박(薄)하지만, 자녀를 순산하고 자식의 덕은 보게 된다. 교육계로 투신하여 남의 자식을 내 자식처럼 사랑하고 아끼는 일생이 가장 보람차다고 볼 수도 있겠다. 늘 초조하고 불안한 기운이 감돌며, 뒤끝이 깨끗한 인간성을 지녔다.

神殺 註

<u>음인(陰刃)</u>

정사(丁巳), 기사(己巳), 계해(癸亥) 일주는 음인에 해당하여 독선적인 성품을 지닌다. 자신도 모르게 칼을 맞는다는 암시가 있어 남의 비방(誹謗)을 받기도 하며 재물에 실패수가 따르기 쉬우니 주의할 일이다.

<u>복신(伏神)</u>

무인(戊寅), 계사(癸巳), 무신(戊申), 계해(癸亥) 일이 복신으로 이는 매사가 지연, 정체된다는 암시가 있다.

간여지동(干與支同)

간지(干支)가 같은 오행(五行)의 글자로 장간(藏干)이 비견(比肩)이 서로 어깨를 밀어내는 형국에 처하면 부부간 생사이별수를 겪게 된다는 것으로 각거(各居)하게 되며, 백호(白虎) 등의 흉살(凶殺)과 겹치면 사별(死別)하기도 하는 것이다.

천일관(千日關)

출생 3년 내에 경풍(驚風), 토(吐)의 액이 있다 하여 小兒關殺符로 많이 쓰이는데, 10세가 지나면 액이 소멸되는 것으로 의학이 발전하지 않았던 과거 시절에 주로 쓰였다.

필살기(必殺技)

1. 타인을 염려하고 헤아리는 마음이 깊고, 이로 인해 피해를 볼 때가 많다.
2. 평소에는 느긋하게 기회를 노리다가, 상관기(傷官氣)로 때를 만나면 속결(速決)한다.
3. 곤명(坤命)은 상관견관(傷官見官)하여 대체적으로 고독하고 기구한 운명이 많다.

타이밍(timing)

☞ 吉日時는 거래, 매매, 합의, 투자에 적합한 시간대로 활용하고, 凶日時는 투자나 매매 행위 일체는 피하고 가급적 휴식함

이 좋지만, 원거리 이동, 운동, 노동 등의 힘의 소모로 대처함이 좋다.

☞ 甲辰, 乙巳, 丙申, 丁亥, 戊戌, 己丑, 庚辰, 辛巳, 壬申, 癸亥日은 십악대패일(十惡大敗日)로 택일 상 적합치 않은 일진이다.

吉日 : 卯日, 未日

吉時 : 07시 30분에서 09시 30분 사이

凶日 : 巳日, 丑日

凶時 : 09시 30분에서 11시 30분 사이

결혼, 이사, 개업 택일(擇日) : 甲寅일, 乙卯일, 丁卯일, 戊寅일, 庚寅일, 壬寅일, 癸卯일

질병(疾病)

건강하지만 시력이 약하기 쉽고, 위장, 신장, 방광, 혈압, 당뇨, 인후염 등으로 고생하는 경우가 있다. 여성은 하혈(下血) 등의 자궁병이나 동상(凍傷) 등을 조심해야 한다.

癸: 신장(腎臟), 발

亥: 머리, 고환(睾丸), 항문, 생식기

직업(職業)

법정, 외교, 교육 계통에서 출세(出世)하는 데 평생의 소원은 육영사업(育英事業)이라 할 수 있다. 소득을 항시 사회에 환원시키려는 마음이 있다. 라망(羅網)의 작용은 법관, 선원, 도적(盜賊)의 구분이 격(格)에 따라 극명한 대조를 보이는 특징이 있다.

포태(胞胎)는 오행(五行)의 생왕묘절(生旺墓絶)이 아닌 천간(天干)의 생왕묘절이므로 일반적으로 팔자(八字)의 각 글자 오행의 왕쇠(旺衰)를 살피는 방법과 적용법이 다소 다릅니다. 이 책에서 간간히 다룬 일주(日柱)의 운성(運星) 적용법과 마찬가지로 각 동주(同柱)별에 천간(天干)의 육신(六神)과 지지(地支)의 운성(運星)을 살피는 방법이 포태법(胞胎法)의 원칙이라 할 수 있다. 이를테면,

식(食)		재(財)	
戊	丙	庚	辛
子	子	寅	亥
食胎	丙胎	財絶	財浴

와 같은 식으로 각 기둥에 하나의 간지(干支) 별로 운성(運星)을 적용해서 살피는 식입니다. 따라서 독자들이 포태(胞胎)를 신속하게 적용하기 위해서는 육십갑자(六十甲子)를 동주(同柱)별 운성(運星)과 함께 암기하는 것이 좋습니다.

갑자운성(甲子運星)

甲子 浴	乙丑 衰	丙寅 生	丁卯 病	戊辰 帶	己巳 旺	庚午 浴	辛未 衰	壬申 生	癸酉 病
甲戌 養	乙亥 死	丙子 胎	丁丑 墓	戊寅 生	己卯 病	庚辰 養	辛巳 死	壬午 胎	癸未 墓
甲申 絶	乙酉 絶	丙戌 墓	丁亥 胎	戊子 胎	己丑 墓	庚寅 絶	辛卯 絶	壬辰 墓	癸巳 胎
甲午 死	乙未 養	丙申 病	丁酉 生	戊戌 墓	己亥 胎	庚子 死	辛丑 養	壬寅 病	癸卯 生
甲辰 衰	乙巳 浴	丙午 旺	丁未 帶	戊申 病	己酉 生	庚戌 衰	辛亥 浴	壬子 旺	癸丑 帶
甲寅 祿	乙卯 祿	丙辰 帶	丁巳 旺	戊午 旺	己未 帶	庚申 祿	辛酉 祿	壬戌 帶	癸亥 旺

십이운성(十二運星)은 '포(胞), 태(胎), 양(養), 생(生), 욕(浴), 대(帶), 록(祿), 왕(旺), 쇠(衰), 병(病), 사(死), 묘(墓)"의 열 두 단계로 구분되는데 각각의 의미는 다음과 같습니다.

胞	완벽하게 무로 돌아간 상태로 대개 유시무종
胎	온전한 형태를 갖춘 게 아니므로 운에서 특별한 진전이 없음
養	다른 사람의 도움이 있어야 발전
生	심신이 건강하고 발복의 기운이 서리며 귀인의 도움으로 형통
浴	길흉이 반복해서 나타나는 가운데 순탄치 않은 형국
帶	당장은 지연, 시간이 지나 성과를 냄
祿	모든 일이 잘 풀리고 자연 권세를 누리게 됨
旺	탄탄대로를 질주하는 최상의 운기로 크게 명리를 떨침
衰	기우는 운세로 접어들지만 영향력이 사그라지지는 않음
旺	감상적이고 비관적일 때가 더러 있고 사교적임
死	만사가 동결되어 성취가 어려운데 부지런히 움직여 죽음을 면함
墓	어둠 그 자체로 매사불성

■ 참고문헌

팔자술필살기(八字術必殺技) 李修 著

팔자입문(Bazi Primer)시리즈 李修 著

사주첩경(四柱捷徑) 李錫暎 著

사주추명학(四柱推命学) 高木乘 著

사주추명(四柱推命) 秋山 著

삼명통회(三命通会) 朴一宇 編著

성명집성(星命集成 1-3冊)

심명철학(心命哲学) 崔鳳秀 著

일주대시주론(日柱対時柱論) 李聖根 編著

일주비전(日柱秘伝) 李炫昊 編著

연해자평정해(淵海子平精解) 沈載烈 訳

팔자제요(八字提要) 韋千里 著

육십갑자 인간학

초판 1쇄 2008년 1월 15일

지은이 최이린

펴낸이 장석홍

펴낸곳 도서출판 장서원

주 소 서울 용산구 남영동 7-1(201호)

전화 703-5362 팩스 797-5362

등록 제 03-01213호

E-mail shjang1011@hanmail.net

정가 15,000원